文明广东系列图书

文明礼仪

《文明礼仪》编写组 编

华南理工大学出版社
·广州·

图书在版编目（CIP）数据

文明礼仪/《文明礼仪》编写组编. —广州：华南理工大学出版社，2024.6

（文明广东系列图书）

ISBN 978-7-5623-7674-3

Ⅰ.①文… Ⅱ.①文… Ⅲ.①礼仪–中国–通俗读物 Ⅳ.① K892.26-49

中国国家版本馆 CIP 数据核字（2024）第 022186 号

Wenming Liyi

文明礼仪

《文明礼仪》编写组 编

出 版 人：柯　宁
出版发行：华南理工大学出版社
（广州五山华南理工大学 17 号楼，邮编 510640）
http://hg.cb.scut.edu.cn　E-mail：scutc13@scut.edu.cn
营销部电话：020-87113487　87111048（传真）
总 策 划：柯　宁
策划编辑：王　磊
责任编辑：刘一行　付爱萍
责任校对：盛美珍
印 刷 者：佛山家联印刷有限公司
开　　本：787mm×960mm 1/16　印张：17　字数：211 千
版　　次：2024 年 6 月第 1 版　2024 年 6 月第 1 次印刷
印　　数：1 ~ 10000 册
定　　价：68.00 元

版权所有　盗版必究　印装差错　负责调换

《文明礼仪》编写组

组　长：石雄东

副组长：柯　宁

主　编：张永璟

副主编：王　磊　　雷　春

参　编：郭守运　　黄雪敏　　李斌梅

序

"文明广东系列图书"是以"全民阅读"为契机、旨在推动新时代广东精神文明建设的普及读物。其路径是"文本—文化—文明",其动力机制是"内化于心,外化于行",其编撰预期是让栖居于岭南的公民之言行举止及其世界观、价值观、历史观、文明观、民主观、生态观与向上向善榫接,与底线红线熔断,使"新时代"的品相更好,使"文明广东"的成色更足。

何谓广东?有学者创造性地解释为:广东之"廣"乃指广大岭南居民面朝黄土背朝天地辛勤劳作,广东之"東"乃指太阳甫一爬上树梢之际百姓即下地耕作。广东人务实、务早、务勤、务正,这些精神特质代代相传、绵延不绝,至今仍为广东的改革开放迭代升级赋能。

发展新质生产力,广东要走在前列。走在前列是一个浩大的系统工程,精神支撑、文化支撑必不可少;以"经国家、定社稷、序民人、利后嗣"为主题主线的礼仪读本因此而生。广东要坚定不移地全面深化改革,扩大高水平对外开放,在推进中国式现代化建设中走在前列，礼仪教育是最好的软支撑之一，和而不同、和气生财都是礼仪树上结出的佳果。

上承天时、中得地利、下不违人和，以岭南为背景把"礼"字写好写实，适逢其时：岭南文化具有突出的连续性，源远流长，这就决定了它可以推行新时代的礼治；它守正不守旧、尊古不复古的进取精神，完全可实现节庆文化的创造性转化、创新性发展；岭南文明的包容性，对各种文明、各种文化兼收并蓄的开放胸怀，有目共睹，这也为礼治提供了沃土。为此，编撰此读本，广播礼仪之种，让"礼商"与"财商、智商、情商"一道辉映南天。

谚语说得好，"有礼走遍天下，无礼寸步难行"，现代社会更需要"礼字当先"，这既是文化传承的问题，也是社会发展、个人修身的现实需要。

"文质彬彬，然后君子"，个人需要礼。"不学礼，无以立"，无论是熟人社会，还是陌生人社会，礼都可以起到维护情谊、拉近距离、畅达沟通、消除芥蒂等向上向善的作用。"良言一句三冬暖"——礼貌是有温度的。

"家和万事兴"，家庭需要礼。家是社会的细胞，是社会和谐与安定的根基；千家万户都好，国家才能好，民族才能好；家里要其乐融融，就要有礼貌作为润滑剂来缓和磕磕碰碰带来的紧张与不适——礼貌是有润滑度的。

"四海之内皆兄弟"，社会需要礼。"人上一百，各式各色"，主体的多元、利益诉求的多元、偏好的多元，龃龉、误解在所难免；但若有礼有节，理解就会倍增，理性地解决问题的余地就会扩大，解决问题的成本就会降低，退一步海阔天空——礼貌是有气度的。

"一枝一叶总关情"，公务场合需要礼。几千年过去，如今国家的组织管理架构以及国礼、军礼乃至成人礼、婚礼等，似乎仍可看见远古礼仪的背影。公务场合的礼代表个人、单位、组织，礼仪素养在这里常常有倍增效应。送人玫瑰，手有余香——礼貌是有风度的。

"无论你见与不见，它就在那里"，互联网时代需要礼。文明使用智能手机、文明上网理性发言，无论移动与否，礼仪都成为智能时代的全新必修课，当下的人工智能第一招就是人机对话，对话的第一步就是来自终端的温馨问候——礼貌是360°的。

这个读本的创新、创意体现在以下四个方面：它是集大成者，全书共七章，以时间、空间作为主线，将人们的礼仪实践全部涵盖其中，所谓一书在手、礼仪我有；它是备忘录，文中的"小贴士"温馨可人，知识性、趣味性、实用性应有尽有；它是"信得过产品"，所提及的礼仪规制、礼仪节点的应知应会清单，细致入微、实操性强且权威可信；它是图文并茂的绘本，全书插图数十幅，引导人们探索礼仪世界、理解情感、培养以礼为先的中国价值观。

明朝黄佐撰写的《广东通志·民俗志》之"风俗篇"开笔便写道："秦徙中县之民，使与百越杂处"（秦王朝迁徙中原百姓至百越之地，使之与当地土著杂居相处），由此可以推断广东民俗的多元复合性、包容性与独特性。这些民俗不仅承载着深远的历史文化基因，而且体现在今天的社交和礼仪之中，比如零元红包、低价彩礼、不事奢华、餐余打包等简约的风俗，给人一种清新脱俗、轻松自在的感觉。

编写此读本，旨在为我省公民礼行天下"导航"。希望它能为你走遍天下带来极大便利，为你赢得更多的尊重，让你拥有更强大的亲和力！

《文明礼仪》编写组
2024年6月

目录

第一章　人生礼仪·个体篇 / 001

　　出生礼　/ 002

　　结婚礼　/ 013

　　福寿礼　/ 026

　　丧葬礼　/ 031

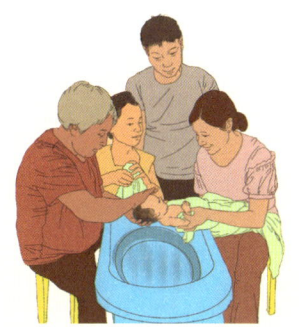

第二章　人生礼仪·团体篇 / 037

　　入队礼　/ 038

　　成人礼　/ 047

　　毕业礼　/ 052

　　升学礼　/ 059

第三章　日常生活礼仪 / 065

仪容服饰礼仪 / 066

餐饮礼仪 / 073

手机电话礼仪 / 081

出行礼仪 / 085

第四章　传统节日礼仪 / 099

春节 / 100

元宵节 / 111

清明节 / 116

端午节 / 123

七夕节 / 129

中秋节 / 146

重阳节 / 154

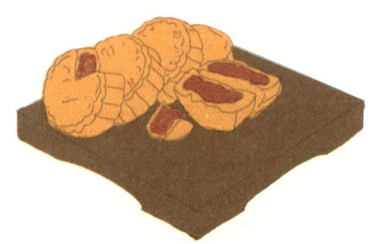

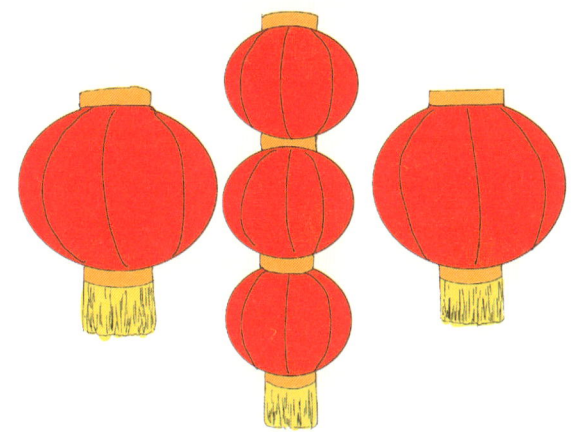

目 录

第五章 法定节庆礼仪 / 163

元旦 / 164

妇女节 / 172

劳动节 / 180

儿童节 / 187

国庆节 / 194

第六章 公共场所礼仪 / 205

图书馆 博物馆 文化馆 美术馆礼仪 / 206

文体场所礼仪 / 210

医院礼仪 / 221

旅游景区礼仪 / 231

文明礼仪

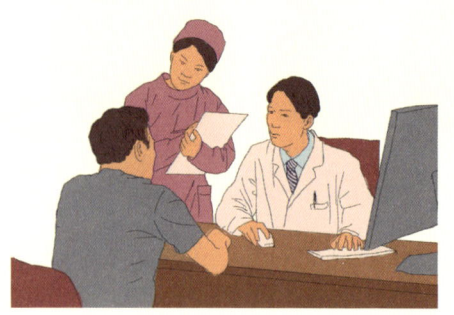

第七章 公务活动礼仪 / 239

会议礼仪 / 240

公务迎送礼仪 / 246

会见外宾礼仪 / 253

第一章

人生礼仪 个体篇

要建立和规范一些礼仪制度，组织开展形式多样的纪念庆典活动，传播主流价值，增强人们的认同感和归属感。

——2014年2月24日，习近平在中共中央政治局第十三次集体学习时的讲话

文明礼仪

出生礼

喜见红梅多结子，笑看绿竹又生孙。一个新生命降临之际，也意味着一个家庭的完善，故做好诞生之初的礼仪教育是重中之重。从婴孩睁眼看世界伊始，礼仪的教育熏陶作用便无所不在。无论是初为人父母的喜悦，还是婴孩对新世界的好奇，或是邀请宾客时的欢聚一堂、其乐融融，不同身份的人都在以各种方式迎接新生命的到来，表达对婴孩的殷切期待与诚挚祝福。

一、出生报喜有新意

出生报喜是一项充满温情与祝福的习俗。在中国传统文化中，新生儿的诞生不仅是家庭的喜事，也是亲朋好友共同分享喜悦的时刻。在广东地区，新生儿呱呱坠地以后，新生儿的父亲会承担起向亲友报喜的责任，尤其是向岳父母家传递这一喜讯。报喜携带的喜物通常包括红鸡蛋和喜饼等，这些物品不仅象征着吉祥和幸福，也承载着深厚的文化意义。

红鸡蛋作为广东地区报喜的重要物品，其背后有着丰富的文化寓意。在中国民间信仰中，鸡蛋被视为生命的起源，它还隐含着"盘古开天地"的神话故事，寓意着生命的诞生与循环。此外，根据中国传统的阴阳学说，数字的单双数也具有阴阳之分：单数代表阳，双数代表阴。因此，

第一章 人生礼仪·个体篇

文明礼仪

家庭在报喜时，会根据新生儿的性别携带单数或双数的红鸡蛋，以此表达对新生儿的美好祝愿和对生命延续的尊重。

 小贴士

悬弧挂帨

悬弧挂帨（shuì），是中国传统的诞生礼仪之一。

这种习俗最早出现在《礼记》中："子生，男子设弧于门左，女子设帨于门右。"这里的"弧"是指弓，"帨"是指女子的佩巾，意思是说，当家中生下男孩时，会在家门左边挂一张弓，称为"悬弧"，象征男孩的勇猛与阳刚之性；生下女孩时，会在家门右边挂一幅佩巾，称为"挂帨"，象征着女孩的静美与阴柔之德。

 小贴士

弄璋弄瓦

璋是好的玉石，瓦是纺车上的零部件。"弄璋、弄瓦"典故出自《诗经·小雅·斯干》："乃生男子，载寝之床，载衣之裳，载弄之璋。其泣喤喤，朱芾斯皇，室家君王。乃生女子，载寝之地，载衣之裼，载弄之瓦。无非无仪，唯酒食是议，无父母诒罹。"

诗的大意是说，生了男孩，穿好衣裳，放在床上，给他玉璋把玩。男孩哭闹，说不定日后能作君王诸侯。生了女孩，给她裹着襁褓，把玩纺轮，长大了会是不惹是非的贤妻良母，不让父母替她忧思怅惘。男孩弄璋、女孩弄瓦，体现了古代父母希望子女成龙成凤的良好愿望与寄寓。

随着时代的发展，年轻父母在报喜方式上也有所创新。他们更倾向于使用社交媒体，如微信，来分享宝宝出生的喜讯。通过微信群发或朋友圈分享，迅速将幸福喜悦传递给包括好友、同事乃至领导在内的社交圈。与此同时，他们还会准备一些装有喜蛋、喜饼和喜糖的精美礼盒赠送亲友，将初为人父母的喜悦和对新生命的祝福传递给亲朋好友。

通过这种传统与现代相结合的报喜方式，我们不仅能够感受到文化传承的魅力，也能够体会到科技进步给人们生活带来的便捷。无论是传统的红鸡蛋，还是现代的社交媒体，它们都是连接人与人之间情感的纽带，共同见证和庆祝每一个新生命的诞生。

 小贴士

父母在朋友圈发布宝宝出生的喜讯语录

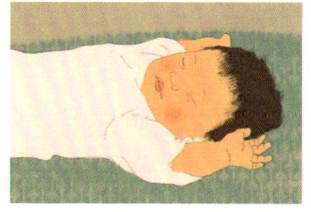

- 感谢你选择我做你的妈妈！
- 今天初为人母，收获喜悦无数！
- 从此二人世界变成三口之家！
- 从前是妈妈的宝宝，今后是宝宝的妈妈。
- 世界多了一个你，而爸妈多了一个世界。
- 小朋友向世界问好啦，从此开启一家三口的幸福生活。
- 欢迎宝贝光临寒舍，尽我所有护你一生平安顺遂。

二、洗三添盆佑康健

在中国丰富的传统礼仪中,"洗三"仪式以其独特的文化意义和深厚的历史渊源,成为新生儿家庭庆祝新生命的重要环节。这一习俗可追溯至中古时期,至今仍被许多家庭所遵循。

在广东,"洗三"习俗也被称为"洗三朝",字面意义为婴儿出生后第三天的洗身仪式,它不仅是对新生儿身体的清洁,更是一种精神上的净化和祝福。在这一天,家庭成员会打扫卫生,力求清除所有可见的不洁之物,以此迎接宾客,共同见证这一神圣的仪式。

仪式的核心在于洗涤和祈福。通常由家中德高望重的女性长辈担任洗礼者,她一边轻柔地为婴儿洗身,一边口念祝词,祝词充满对孩子未来的美好祝愿;接着,使用艾叶和姜片轻灸婴儿的额头和身体关节,这一传统做法被认为可以驱除邪气,预防疾病。

最为独特的环节,是用一段葱白轻打婴儿的臀部三下。在汉语中,"葱"与"聪"谐音,这一动作寓意新生儿聪明伶俐,能够光宗耀祖,拥有美好的人生。仪式结束后,葱白被挂在婴儿床边,象征着智慧将伴随孩子成长。

最后,主家会煮制长寿面,邀请宾客共享,以此祝福孩子一生平安、健康、长寿。长寿面不仅是一种食物,更是对孩子未来的美好祝愿,希望他们的人生之路顺畅、长久。

"洗三"仪式,以其独特的形式和内涵,体现了中国人对新生命的尊重和祝福。通过这一仪式,我们可以看到中国传统文化中对生命、健康和智慧的重视,以及对和谐、幸福生活的追求。

小贴士

产妇补身可适量吃猪脚姜

在广东，很多坐月子的女士都喜欢吃猪脚姜。猪脚姜的主要食材有猪脚、鸡蛋、姜，一般是将猪脚、鸡蛋、姜和甜醋放入锅中一起煲。猪脚姜不仅营养价值极高，还能促进乳汁分泌、活血暖身。

通常来说，坐月子第十四天左右才可以吃猪脚姜，因为产妇在产后十二天内不宜进食肥腻的食物，而十四天左右恶露基本已经排净，此时吃猪脚姜比较适宜。猪脚姜属于高热量、高脂肪的营养补品，不建议产妇天天吃。如果天天吃，易造成营养过剩，过于油腻的饮食也易引发上火或便秘等问题。

文 明 礼 仪

三、满月百天同欢庆

在中国传统文化中，新生儿的满月和百日是两个重要的里程碑，它们不仅是婴儿成长的重要阶段，也体现了家庭对新成员的欢迎和祝福。

满月礼，作为新生儿出生后的重要庆祝活动之一，具有双重意义。首先，它旨在帮助新生儿逐渐适应外部环境，消除他们对这个新世界的陌生感、隔阂感和恐惧感。在这个仪式上，新生儿由家长抱着，与亲朋好友见面，象征着孩子被社会接纳，成为家族和社会的成员。其次，满月礼也是对产妇的祝福，标志着她们通过坐月子，身体已逐渐恢复，可以开始更积极地参与到育儿实践中来。满月宴是这一仪式的重要组成部分，亲朋好友再次聚集，共同庆祝婴儿的成长。

在广东地区的满月礼中，剃胎发是一项重要的传统习俗。剃胎发不仅是一种文化传承，也被认为有助于婴儿头发的生长，使其更加浓密乌黑。有些家长会将剃下的胎发精心制作成胎毛笔，作为满月的纪念，寓意着孩子未来学识渊博，才华横溢。

满月礼之后，百日礼是婴儿出生后的另一个重要庆祝活动。在传统习俗中，新生儿家庭会收到来自亲朋好友赠送的布料，这些布料被精心缝制成百家衣，供婴儿在百日礼上穿戴。百家衣不仅是一种物质上的礼物，更是一种精神上的寄托，希望孩子能够集百家之长，健康成长。同时，新生儿家庭还会收集来自各家各户的碎银，由银匠师傅锻造成一把百岁锁，并刻上吉祥的祝福语，如"既寿永昌""福寿双全""命中富贵"等，以此祈求神灵庇佑孩子幸福、健康地成长。

满月礼和百日礼，这两个传统仪式，不仅体现了中国家庭对新生命的珍视和祝福，也展现了中国传统文化中对和谐、健康、长寿的追求。

通过这些仪式，我们可以看到家庭成员之间的紧密联系，以及社会对新生命的共同关怀和期望。

 小贴士

拜公婆神

公婆神是广东潮汕地区民间信仰的儿童保护神。自宋朝起潮汕就有祭拜公婆神之俗。潮汕各地对公婆神的称呼有所不同，潮阳一带称"床脚婆"，揭阳一带称"公婆母"。

为了使新生儿易抚养，一生顺顺利利，妇女在生下孩子后的第二天（有些地方是第十天或第十二天），便在生育过的房间的眠（睡）床上设公婆神神位，一般没有塑像和画像，只在床上摆上一个簸箕，用一只粗瓷碗作香炉，以供插香之用。

祭拜仪式很简单，一般将两碗饭、一块猪肉、两个红鸡蛋和一些果品放于床上的簸箕中，点上三炷清香，家中主妇边烧香边磕响头，祈求公婆神保佑孩子平安。香过三巡，收拾好祭品，主妇轻手轻脚地拉下床上被褥和帐子，嘴里小声地说："好阿公，好阿婆，好孩子，睡磨磨（挨近公婆的意思）。"让公婆神抚慰孩子的"灵魂"，甜甜地睡一大觉，快快长大成人。最后焚化几张纸钱以答谢公婆神。逢年过节都要举行祭拜仪式，直到孩子15（虚）岁"出花园"。

文明礼仪

四、一岁抓周添乐趣

周岁庆典是婴儿成长过程中的一个重要里程碑，它不仅标志着婴儿阶段的结束，也预示着幼儿阶段的开始。广东地区的周岁庆典习俗丰富多样，以下是一些主要的庆祝活动和仪式：

抓周仪式：在婴儿满一岁时，家长会举行抓周仪式。将孩子带到摆放着各种象征性物品的桌子前，让孩子自由选择。物品包括代表学识的笔墨纸砚，象征商业才能的账本、算盘和铜钱，以及代表家庭生活的针线、脂粉等。孩子抓取的第一件物品被认为能够预示他们的兴趣、性格甚至未来的职业倾向。这一仪式不仅是对婴儿成长的一种庆祝，也是对孩子未来发展的一种美好祝愿。

穿新衣：在抓周仪式中，家长会给孩子穿上精心挑选的新衣，这象征着新的开始和对未来美好生活的期许。

生日宴：周岁庆典当天，家人会为孩子举办一场盛大的生日宴会，邀请亲朋好友共同庆祝这一重要时刻。在宴会上，家长会为孩子切生日蛋糕，寓意孩子的生活充满甜蜜和幸福。

周岁庆典的意义远不止于形式上的庆祝。在这个过程中，家长要用心去感受孩子的成长，关注孩

子的内心世界，让孩子在家庭的温暖和关爱中成长。同时，庆典不宜过于奢华和浪费。

通过举办周岁庆典，亲朋好友欢聚一堂。分享喜悦和祝福，可以增强亲情和友情，让家庭关系更加和谐幸福。

 小贴士

喜添丁　挂花灯

"点灯"是春节期间广东各地普遍流行的传统民俗。

点灯又称上灯、添灯、升灯等，"灯"与"丁"音似，点灯（添灯）即指添丁。需要特别说明的是，生男孩是点灯年俗不能变通的硬性规定，添口（生女孩）不点灯。

据了解，从明朝开始，添丁挂灯的习俗就逐渐在两广地区流传，数百年来，部分村社还保留这个风俗。在一些地方，新丁在参加了点灯仪式后，其名字才能被载入族谱，正式成为家族成员。"添灯"不仅是家族添丁的庆祝方式，也是入族入谱的一种重要仪式。

据介绍，制作"添丁灯"需要彩纸、竹篾、红绳等，用竹篾搭好框架后，再将红、蓝、绿等颜色的彩纸糊在灯上。灯制作完毕后要在灯侧悬挂金色纸制成的小圆柱体，寓意家中添了男丁。

文明礼仪

新添丁的家庭早在春节来临之前就开始准备。

上灯前一两天,新添丁的家庭约定成俗地组织一支请花灯队伍,由"丁首"(上一年最先诞生男丁的家长)带头,在锣鼓队及龙灯舞狮队的相随之下,一路燃放鞭炮去"请"(买)灯。

花灯请回家,先郑重地安放在八仙桌上。待上灯当天,由"丁首"召集其他家庭共同请出花灯,悬吊于祖公厅屋梁下,并挂上象征男丁的灯带,灯带的数量依据上一年出生的男丁数而定,如新添五个男丁,则挂五条灯带,七个男丁则挂七条灯带,以此类推。

礼无情亦重

在广东,满月宴和百日宴上"空包"现象十分常见,已经成为一种习惯。

有的东家事先以微信的方式告知亲朋好友前来参加宴会,并说明宴会现场不收红包,言下之意告诉赴宴宾客无须准备红包;有的东家在现场收红包,但是只将红包留下,礼金如数退回;也有的东家现场将红包收下,而后逐一按照包上的姓名等信息"原路退回"。无论用哪一种方式来完成流程,都不会给宾客任何压力;同时仪式感十足,与来宾分享添丁之喜的目的圆满达成,其乐融融。

结婚礼

最初的婚礼形式大约始于原始社会末期。伏羲时代订婚"以俪皮（成对的鹿皮）为礼"，夏商时"亲迎于堂"，周代已具备完整的"六礼"，初步奠定了我国传统婚礼的基础。

中国的现代婚礼结合了传统文化及西方文化元素。公民双方结婚的前提是在达到法定婚龄的基础上、男女双方完全自愿且非直系血亲和三代以内的旁系血亲。公民的结婚仪式是先去地方政府进行登记，而后举办盛大的喜宴。喜宴的流程因人而异，可繁可简。

一、传统婚礼意蕴深厚

结婚，作为人生中的重要仪式之一，在中国传统文化中占据着举足轻重的地位。它不仅是两个人爱情的见证，更是两个家庭乃至两个家族联结的象征。中国的传统结婚礼仪，以其独特的形式和内涵，体现了对婚姻的尊重和对家庭的重视。

（一）订婚

在中国，订婚是结婚的前奏，标志着双方家庭对这段关系的正式认可。通常，男方会向女方赠送聘礼，以表达诚意和对未来婚姻生活的承诺。

文明礼仪

（二）迎亲

迎亲是婚礼当天的重要环节，新郎前往新娘家迎接新娘，象征着男方对女方的尊重和珍视。迎亲队伍的热闹场面，不仅为婚礼增添了喜庆气氛，也展示了家族的团结和繁荣。

（三）拜堂

拜堂是婚礼的核心仪式，新人在亲朋好友的见证下，向天地、双方父母以及彼此鞠躬，表达对婚姻的尊重和对未来生活的期许。

（四）宴席

婚礼宴席是庆祝新人结合的社交活动，通过共享美食加深了亲朋好友之间的联系，也体现了对新人美好生活的祝福。

（五）洞房

洞房花烛夜，是中国婚礼中富有诗意的描述。新人在装饰得温馨浪漫的洞房中度过他们的第一夜，象征着婚姻生活的甜蜜和幸福。

结婚礼仪的每一个环节，都承载着深厚的文化意蕴和美好的祝愿。随着时代的发展，虽然一些传统习俗已经发生了变化，但它们所蕴含的对婚姻的尊重和对家庭的重视，依然深深植根于中国人的心中。

 小贴士

婚闹不可取

近年来，婚闹事件不断出现在新闻中，形式五花八门，除了闹新娘，还要闹伴娘、闹新郎，有些地方还闹公公婆婆，有的甚至闹出了官司，闹出了人命。民俗专家呼吁，变了味的婚闹要不得，婚闹要遵守社会公德。

文明礼仪

习俗并不等同于低俗，也并不是侵害他人权益的理由。婚闹应该在社会公德和法律允许的范围内进行，违背当事人意愿的低俗婚闹或需承担法律责任。社会应倡导文明婚俗，完善乡规民约，净化社会风气。

二、现代婚礼简约庄重

现代婚礼，作为文化融合的典范，完美地结合了中国传统婚俗与西方仪式，形成了一种独特的庆典风格。在法律层面，结婚仪式的实质是简单的婚姻登记过程，但这恰恰凸显了随后摆喜酒庆祝的重要性。喜酒不仅是对两位新人结合的庆祝，也是双方家庭联合的象征，以及对新人未来幸福生活的美好祝愿。

（一）新人入场：婚礼的序幕

婚礼仪式的第一步是新人入场。在这个环节，新郎和新娘手挽手，沿着红地毯缓缓步入婚礼现场。花童在前方撒下花瓣，象征着纯洁和美好。新人在亲朋好友的祝福声中走向婚礼的舞台，这不仅是他们人生新篇章的开始，也是他们承诺共同生活的公开展示。

（二）介绍新人：分享故事与情感

接下来，婚礼司仪会向所有宾客介绍新人。介绍内容不仅包括他们的身份、工作，还可能包括他们相识、相知、相恋的故事。这个环节为宾客提供了了解新人背景和爱情故事的机会，同时也让新人有机会表达他们对婚姻的期待和感想。

（三）证婚人证婚：传统与法律的结合

证婚人通常由受到新人尊敬和信任的长辈、领导或朋友担任。他们的角色是宣布新人的婚姻合法有效，并在婚礼上给予祝福。这一环节体现了传统婚礼中对长辈和法律的尊重。

（四）拜天地：对自然和家庭的敬仰

拜天地是中国婚礼中的重要环节，象征着新人对天地、父母和彼此的敬仰和感激。通过拜天地，新人表达了对自然法则的尊重、对父母养育之恩的感激，以及对未来伴侣的承诺。

（五）唱祝歌：友情的祝福

唱祝歌环节是朋友们以歌曲的形式向新人表达祝福。欢快的爱情歌曲不仅为婚礼增添了喜庆气氛，也传达了对新人爱情美满、婚姻幸福的期许。

（六）新人敬酒：感谢与分享

敬酒是新人对宾客表达感谢的方式。新人会提前准备敬酒词，向宾客表达对他们到来的感激之情。

现代婚礼倡导的是一种简约而庄重的风格。它强调情感的真挚表达，在尊重传统文化的同时倡导公益理念。通过这样的婚礼，新人不仅能够体验到个人的幸福时刻，也能够向社会传递正面的价值观，促进社会和谐。

文明礼仪

高额彩礼换不来幸福人生

近年来，有关高额彩礼的新闻事件屡见不鲜。每一次对彩礼话题的热议，都牵动着全社会适龄青年对爱情与婚姻的敏感神经。

纳采、问名、纳吉、纳征、请期、亲迎，《周礼》中古时的婚嫁习俗本寓意着缔约征信、以彩示和、寓吉成祥，蕴含着深厚的传统婚俗文化。然而随着时代的发展，在有的地方，彩礼"礼"的功能逐渐削弱，"财"的地位日益彰显，让一纸彩礼清单成为衡量婚姻质量的"标尺"。

高额彩礼屡见不鲜，一系列社会问题也随之凸显。不少家庭因结婚借贷背上高额负债，给新人的婚后生活埋下隐患，甚至提高了离婚率和家庭暴力的可能性；高额彩礼变相物化女性，男方因付出更多金钱，婚后的诉求转化成对女方的掌控欲，加剧了男女不平等现象；不正规的婚恋中介趁机浑水摸鱼，"骗婚"事件往往让男女双方人财两空，社会不稳定因素增多。

为彩礼"瘦身"，给婚姻"松绑"，需要找到观念"症结"，对症下药。一方面，要破除婚恋旧习与现实社会的冲突，发挥媒体的正向引导作用，通过开设专题专栏、专家解读、个案跟踪等方式，全方位、多角度广泛宣传正确的婚恋观与家庭观；另一方面，要规范婚恋市场，多部门联合执法建立婚介服务机构黑名单，借助行业协会或商会制定婚介市场规范，推动行业人员转化为婚俗改革的宣传员、示范员和监督员。

破解高额彩礼之痛，需要发挥社会保障体系作用。小县城和广大农村往往成为高额彩礼的"重灾区"，要清醒地认识到其背后的社会经济因素，加强教育、就业、医疗、社保等优质资源在城乡间、区域间的合理配置，加强社会保障制度的覆盖面与支持力度，满足农村欠发达地区大龄未婚男性的基本生活需求和养老需求，对这一群体给予更多关注。

崇大厦者，非一木之材；匡弊俗者，非一日之术。推进移风易俗，弘扬新时代婚俗文明新风不在一朝一夕，还需持续发力，久久为功。高额彩礼或许能让人"风光一时"，但却很难"幸福一生"。让婚姻始于爱，让彩礼回归"礼"，婚俗新风才能真正吹进千家万户。

婚姻登记环节打造专属仪式感

建设一批特色婚姻登记服务场所，规范一套简约又不失仪式感的"新风婚礼"流程，打造"文明实践＋婚礼""旅游＋爱情"婚俗品牌，探索特色文明婚俗新路径。具体措施包括：在婚姻登记环节增强仪式感和纪念性，推动结婚颁证服务创新，创设室内室外颁证场所，探索将婚姻登记机关设置在景区等标志性场所，建立特色颁证制度，有效提升人民群众对婚俗改革的认同感和参与积极性，从而自觉成为婚嫁新风的践行者和弘扬者。

三、新式婚礼形式多样

推行集体婚礼、低碳婚礼等特色婚礼，倡导树立简约适度的婚俗礼仪；用沉浸式体验的方式增加婚姻登记的仪式感，告别铺张浪费；开设新婚辅导，引导年轻人树立正确的婚恋观、家庭观……近年来，一些富有新意和创意的新式婚俗在年轻人的圈子里流行开来。各地政府持续深入地推动婚俗改革，为爱"减负"的婚嫁新风正逐步形成。

新事新办，以下几种新式婚礼值得提倡：

（一）集体婚礼

集体婚礼，作为一种新式婚礼形式，与传统婚礼相比，体现了中西文化的交融和时代的发展。它起源于 20 世纪初，早在民国时期就已开始流行，是西方文化影响下的产物。

集体婚礼的核心理念是倡导节俭朴素，树立积极健康的婚姻价值观和婚庆消费观。这种婚礼形式受到了许多适龄青年的喜爱，尽管它并没有完全取代传统的婚礼仪式，甚至有些人认为过于简约的婚礼缺乏仪式感。然而，集体婚礼以其独特的魅力，逐渐在社会上获得了认可。

个性化是集体婚礼的一大特点。除了室内婚礼，还包括室外婚礼，如在长城上举行的婚礼，以蓝天为媒，长城作证；还有在三亚湾海边举行的婚礼，以槟榔树和椰林为媒，大自然为证。此外，集体婚礼还涵盖了新人喜爱的蜜月游，全程摄像摄影，为新人留下美好的回忆。

集体婚礼的优势在于节省时间和精力，避免传统婚礼的烦琐和尴尬。集体婚礼简单文明，具有移风易俗、破旧立新的意义，越来越受到全社会的欢迎。婚礼通常由工会、团委、妇联等组织主办，规模可大可小，从数对到数十对乃至上百对不等。证婚人一般由主办单位的负责人担任，婚礼中还可能安排文艺演出或交谊舞会，增添喜庆气氛。

集体婚礼不仅是新人步入婚姻殿堂的仪式，更是在众人的目光和祝福中共同见证幸福的时刻。它让新人们在同一时间、同一地点接受来自四面八方的祝福，共同迈向幸福的彼岸。这种婚礼形式，不仅符合现代青年对简约、时尚的追求,也体现了社会对传统婚礼习俗的创新和变革。

总之,集体婚礼作为一种新兴的婚礼形式,以其简约、文明、个性化的特点,逐渐成为现代社会的一种新风尚。它不仅为新人提供了一种新的选择,也为传统婚礼文化的发展注入了新的活力。

(二)极简婚礼

极简婚礼作为一种新兴的婚礼模式,正逐渐受到越来越多年轻人的欢迎。这种婚礼倡导轻松、环保的理念,让新人们在简约而不失浪漫的氛围中,享受一场别具一格的婚礼体验。

"三无婚礼"即无接亲、无婚礼、无婚宴,是极简婚礼的一种表现形式,它摒弃了传统的车队、接亲、伴郎伴娘等元素,甚至不设司仪、不摆婚宴。这种婚礼以"一切从简"和"轻松"为原则,强调婚礼的本质——新人的誓言和亲友的祝福。通过精心设计的细节,极简婚礼能够营造出专属于新人的爱情故事,同时减轻新人在筹备期间的经济和心理压力。

"三无婚礼"之所以受到年轻人的青睐,一方面是因为它经济实惠,另一方面更是年轻群体精神需求的映射。如今的年轻人对婚礼的理解发生了巨大变化,他们更加注重婚礼本身的意义和价值,而非物质和形式。这种婚礼形式是对传统婚礼的理性回归和创新实践,既保留了传统婚礼的庄重感和仪式感,又符合现代年轻人的审美和生活方式。

(三)线上婚礼

随着科技的不断进步,线上婚礼作为一种新兴的庆祝方式,正逐渐走进人们的生活。这种婚礼模式不仅跳出了规模的限制,也为那些因距离遥远而无法亲临现场的亲友提供了参与的便利。

文明礼仪

❶ 线上婚礼的优势

线上婚礼的显著优势在于其突破了地理限制，无论参与者身在何处，都能够在同一时间参与到婚礼中来。这种方式省去了旅行和住宿的烦琐，让远方的亲朋好友也能轻松感受这一喜庆的时刻。此外，线上婚礼还提供了丰富的互动形式，如虚拟聚会和在线留言板，增加了参与者的互动性和参与感。

❷ 线上婚礼的筹备

筹备线上婚礼的第一步是确定婚礼的日期和时间，并向所有受邀的亲友发送电子邀请函，其中包含婚礼的链接、密码等必要信息。这个链接将作为亲友们登录观看婚礼的入口。同时，提醒参与者提前测试设备和网络，确保有一个顺畅的观看体验。

选择一个稳定且功能丰富的平台来承办线上婚礼至关重要，如Zoom、Microsoft Teams 或 Google Meet 等。通过对各平台的功能和稳定性进行测试，挑选出最适合的选项。此外，聘请专业的技术团队来协助筹备和举办婚礼，让他们负责音频、视频设备的设置和调试，确保婚礼的流畅进行，在遇到技术问题时也可迅速提供解决方案。

❹ 线上婚礼的举办

在婚礼当天，确保所有参与者准时登录，并遵循事先准备好的活动流程，包括仪式、誓言、音乐和演讲等环节。为了提升婚礼的真实感和亲密度，可以事先录制一些重要环节的视频，如新娘入场、新人宣誓、新郎致辞等，并在婚礼中适时播放，增强参与者的体验感。

音频和视频的质量在线上婚礼中尤为关键，要确保所有参与者都能获得清晰的视听享受。通过提前测试和调整设备，保证婚礼过程中的音视频传输质量，为参与者提供最佳的视听体验。

婚礼结束后，通过设置在线留言板或聊天室，鼓励亲友们留下祝福，分享他们的感受和视频，进一步增强婚礼的互动性和纪念价值。

线上婚礼作为一种适应现代社会需求的婚礼形式，已经成为一种举办婚礼的理想选择。通过精心筹备和执行，保证音视频质量，线上婚礼完全能够成为一次难忘、温馨且充满互动的庆祝活动。它让无论身在何处的亲朋好友都能以在线的方式参与其中，共同见证新人的幸福时刻。随着时间的推移，线上婚礼有望成为婚礼文化中的一种新常态，为更多人带来便捷与喜悦。

（四）旅行结婚

旅行结婚，作为一种新式婚礼形式，正受到越来越多追求个性化和自由化生活方式的新婚夫妇的青睐。它不仅是一场蜜月旅行，更是一种在浪漫旅途中享受二人世界的全新婚礼体验。

❶ 选择旅行路线

新婚夫妇首先需要商定旅行的路线，根据婚期的长短来选择旅游点。大城市因其便利的交通、良好的住宿和卫生条件，成为旅行结婚的理想选择。还有一些新婚夫妇选择探访名胜古迹，如黄山、三峡等，虽然旅行可能较为劳累，但壮丽的自然风光和丰富的文化体验将为新婚生活增添独特的色彩。

❷ 提前通知亲友

如果新娘的旅行计划包括拜亲访友，应事先与对方沟通并确认，以避免给对方带来接待上的不便。新人携带适当的礼品作为新婚见面礼，不仅体现了礼貌，也是对亲情和友情的珍视。

❸ 选择合适的出发时间

出发前，新婚夫妇应确保身体状况良好，以免因身体疲倦而影响旅

文明礼仪

行体验。适当的休息将有助于新婚夫妇以充沛的精力享受旅途。

❹ 旅行前的准备

旅行结婚前,需要做好充分的准备。考虑到旅行期间不宜怀孕,应携带避孕药具和性生活卫生用品。同时,准备运动鞋、旅游鞋、身份证、结婚证以及必备的生活用品和常用药品,确保旅途中的舒适与安全。

❺ 旅途中的注意事项

在旅途中,新婚夫妇应合理安排生活和住宿,注意饮食卫生和个人卫生,以保证健康愉快的旅行体验。

旅行结婚,结合了传统婚礼与现代旅行,不仅能够让新婚夫妇在轻松愉快的氛围中开始新生活,也能够让他们在旅行的点点滴滴中积累宝贵的共同回忆。随着社会的发展和人们观念的更新,旅行结婚有望成为更多新婚夫妇的选择。

婚礼的形式本无优劣之分,关键在于尊重个体的需求。婚礼市场的多元化和个性化发展是必然趋势。无论是传统婚礼还是新式婚礼,它们都是新人表达爱意和承诺的方式。每种婚礼形式都有其独特的魅力,人们可以根据自己的实际情况和喜好来选择,同时也应以更加开放、包容的心态看待新趋势和新变化。

粤风尚

礼轻情义重

"夫礼,始于冠,本于昏",婚礼作为中国"礼文化"之本,是个人生活的重要过渡仪式,既承载着儒家重伦理约束、循礼仪规制、明道德教化的修身之学，也寄托了人们对美好生活的殷切期盼。在广东，婚礼的仪式、流程及使用的吉祥喜庆符号具有鲜明的地域特色，比如珠三角的敬茶仪式就很有特色，新人逐一为全场宾客敬茶；宾客当众给新人红包，红包很"小"，礼金一、二、五元不等；如果没有预备红包，也无伤大雅，新人敬茶照喝不误，主宾都只图喜庆。红包之"小"还体现在赴宴红包上，与其他地区动辄近千元的红包相比，珠三角的红包以一两百元为上限。收受红包的方式有三种：一种是照单全收，而后"原路退回"；第二种是问明是男方还是女方来宾并作好登记，而后将红包礼金抽取一张即退回；第三种是赴宴宾客自行登记姓名之后，"跳过"送礼环节，直接入席。礼轻情义重，新风数广东。

 小贴士

旅行结婚注意事项

· 新婚夫妇要了解性生活的常识，使性生活过得美满。

· 蜜月旅行最好避开女方的月经期。因行经期间不宜性生活，且女方经期较为疲劳，旅行会加重疲劳，这些都给新婚生活带来不便。若旅行中女方来了月经，男方一定要体贴，照顾好女方。

· 若旅途目的地住宿条件较差，卫生状况不好，应特别注意性生活卫生。

· 蜜月旅行游玩体力消耗较大，故蜜月中的性生活要节制，以免生病。

文 明 礼 仪

福寿礼

　　福寿礼是中华文化中一种重要的礼仪形式，它不仅传递着对长者健康长寿的美好祝愿，也是家庭和社会关系的黏合剂，更是中华文化传承的重要载体。随着时代的变迁，福寿礼的形式可能有所变化和发展，但其核心精神——尊老敬老、传承文化、家庭团聚——始终不变，并在现代社会中持续发挥其独特的作用。

一、做寿时间有讲究

　　广东地区的福寿礼融合了丰富的传统习俗和地方特色。祝寿活动通常从60岁开始，每十年举行一次，如在60岁、70岁、80岁时庆祝。某些地区选择逢九年或逢一年举办一次，例如69岁、71岁等，这体现了人们对寿辰的重视。

二、请帖正式且简明

　　祝寿活动一般由子女或亲朋好友发起，而非寿星本人。一旦确定举办祝寿活动，就需要向相关人员发送请帖。请帖应设计得正式、庄重且大方，措辞简明扼要，明确传达出寿星的身份和庆祝活动的日期、地点等关键信息。传统上，主人家会在寿诞前三天亲自派人送请帖给亲朋好友，以示诚意。现代则多采用电话或电子请帖提前通知。

第一章 人生礼仪·个体篇

文明礼仪

三、寿堂布置宜多"寿"

寿堂通常设于家中正厅，布置要充满庆祝的元素。可在寿堂正中悬挂大红的"寿"字或百寿图，两侧配以带有祝福意义的寿联，营造出喜庆的氛围。一些地方还会在桌上摆放寿桃、寿糕、寿酒，点燃寿烛等。桌前则会铺上红毡或花席，供后辈行礼之用。

四、轻重得宜赠寿礼

参加祝寿的亲友一般会赠送礼物，以表示对寿星的尊重和祝福。寿礼不必过于华丽，最重要的是对寿星的敬意和祝福，如水果、茶叶、手工艺品等，都是常见的寿礼。也可以赠送写有祝寿字句的寿幢、寿联、寿屏和寿匾。

 小贴士

寿联小知识

为人祝寿，送上一副寿联，既表达赠送者的祝福，同时也对寿星的事迹功业有所称颂，可谓是一种比较高雅的祝寿礼品。

寿联多为五字或七字，也有数十字或上百字的。寿联的内容，以切事、脱俗、工整而有韵味为上乘。所以撰拟寿联，必须认清对象，立定主旨，选用恰当的词句，注以流畅的气势。对人则恰如其分，对事对物则描摹生动，不务虚华，使人看了即了解其意义，引起共鸣。较为常见的有"福如东海长流水，寿比南山不老松"等。

赠寿联要考虑对方的性别、年龄、诞辰日、社会地位及职业特点、与自己的关系等。

五、拜寿仪式分先后

在拜寿仪式中，寿星及其伴侣坐在寿堂的中心位置。拜寿的参与者按照家族的辈分和亲缘关系，依次排列成行，行跪拜礼。仪式结束后，会向寿星献上象征长寿和幸福的寿杖，如"龙头杖"或"弥勒杖"。

六、宴请宾客享娱乐

宴请宾客是祝寿礼的重要组成部分，主人会准备丰盛的宴席来招待来宾。在一些地方，还会有"堂戏"等传统娱乐活动，以增添喜庆气氛。宴席上，寿酒首先敬献给寿星，然后大家共同举杯庆祝。在享用寿面时，面条不应剪断，要以绕筷抽食的方式食用，寓意长寿。寿宴期间，宾客们会向寿星敬酒，寿星则将寿糕等食物分给众人，大家共同分享，寓意"嚼灾"，即帮助寿星抵御不幸。

在宴席上，宾客们应注意言辞，避免使用"病""死""老""残"等不吉利的词汇，也不要提及令人不悦的话题。

七、客人告辞要回礼

当宾客告辞时，主人要回礼，如寿桃、粽子或小蛋糕等，以示对宾客的感谢和尊重。同时，寿星也会给拜寿的晚辈们回赠红包或其他小礼物，这体现了尊卑有序、平等往来的传统礼仪。

文明礼仪

祝寿新形式

伴随着时代的发展和生活节奏的加快，传统祝寿活动中的各种繁文缛节早已被简化，取而代之的是具有地方特色或中西合璧的寿诞仪式，大操大办、铺张浪费的观念也逐步被崇尚新时代理念的现代人所摒弃。

举几个例子，比如原先儿女在祝寿仪式中必须向寿星行叩首大礼，后来则逐渐被更现代、更简单的问候方式所取代，如鞠躬、握手或口头祝福。寿宴也基本摒弃铺张浪费，改成一家人欢聚一堂，为老人摆上生日蛋糕，一起唱生日快乐歌，老人吹蜡烛、许愿，然后大家吃些家乡菜、喝点小酒、唠唠家常，既温馨又经济。

除此之外，当下还出现了一些新型的祝寿方式，如一些地方政府部门和社会团体每年都会到老干部、退休职工、孤寡老人的家中为他们祝寿，在表示庆贺的同时也献上真诚的问候。还有许多医务人员也会在老人寿诞这一天为其义务就诊，检查身体。这些新型的祝寿形式，充分体现了新时代高尚的人伦道德和良好的社会风尚。

丧葬礼

丧葬礼包括丧礼和葬礼。朱熹在《家礼》中，把丧葬礼分成"初终""沐浴""袭""奠"等若干步骤。

亲人不幸去世，为他安排一场体面、庄重的丧葬礼是对逝者的最后一份关爱，也是家庭成员应尽的责任。丧葬礼的庄重举行有助于社会的安宁。一场有序的丧葬礼有助于缓解亲友的悲伤情绪。综合来看，在中国，不管是家庭、社会还是文化三个层面都非常重视丧葬礼。丧葬礼这种重视既体现了对逝者的尊重和怀念，也是对传统文化、家族纽带和社会秩序的维护。

一、发布讣告须及时

当亲人离世，首要任务是及时向亲朋好友发布讣告。这一过程应有序进行：首先，列出需通知的亲朋好友名单；其次，以逝者家属的名义，逐一告知。若逝者生前在社会上有较大影响力，可在报纸上刊登讣告，向更广泛的社会群体传递消息。

接到死讯的亲友，应表现出哀伤之情，并向报丧者表达慰问，劝慰丧家节哀顺变，并表达对逝者家属的支持与同情。

文明礼仪

二、追悼场地要肃穆

追悼会选择在殡仪馆的礼厅进行,现场布置需营造出一种庄重肃穆的氛围。礼厅正前方墙壁上通常会悬挂写有"某某先生/女士追悼会"或"沉痛悼念某某先生/女士"的横幅。追悼会期间,所有参与者均站立,以示对逝者的尊重。家属按照长幼顺序在会场左前侧纵向排列,由家中最尊者领头。

在礼厅内,家属会设立一个供宾客祭奠的区域,放置鲜花、香炉等物品,供宾客表达对逝者的哀思。灵堂外设立礼簿,由专人负责登记亲友所送的慰问金及花圈、香烛等物品。此外,设立发放处,根据与逝者关系的亲疏,向来客分发白色束腰带、黑袖圈、黑纱或白色胸花等吊丧佩戴物。宾客领取后,方可进入灵堂行礼。

三、着装得体示尊重

穿着适当的服装是对逝者和其家庭的尊重。通常,深色的正装是合适的选择,避免过于花哨或引人注目的装扮。

着装颜色的选择。在丧葬礼上,着装颜色应以深色系为主,如黑色、深蓝色或灰色等,这些颜色传统上与庄重和肃穆相关联。应避免穿着色彩鲜艳的衣物,例如红色、紫色或粉色等,在这种严肃的场合,它们可能被视为不恰当或缺乏对逝者的尊重。

服装款式的要求。男性参加葬礼时,通常选择穿着黑色西装搭配白色衬衫,并以中性色调的领带作为装饰。女性则可以选择黑色的长裙或套装,以表达对逝者的敬意。在中国南方某些地区,如广东、福建等,家族中的晚辈可能会在颈上佩戴一根白绳,称为"系白绳",这是对逝

文明礼仪

者的一种特别纪念和尊敬。

饰品的选择。在参加丧葬礼时，应尽量避免佩戴饰品，如果确实需要佩戴，也应选择简约而低调的款式，避免使用过于夸张或夺目的饰品，以表对逝者的哀悼和尊重。

粤风尚

简礼寄哀思

葬礼不仅是一场慎终追远的生命告别仪式，也是一种社会活动。因时而变，因事而变，因势而变，这是礼制的社会性质所决定的。

在广东，一些地方的"简礼"画风很值得提倡，简礼寄哀思的做法值得效仿推广。比如送给逝者家属的"香仪钱"只有一两百元。如果在殡仪馆举行告别仪式，一般先致悼词，然后三鞠躬、绕棺向遗体告别、与逝者家庭握手道一声珍重，流程即可完毕。在广东江门，一般上午去世，下午即火化。晚上的白事聚餐基本上实行 AA 制——如果东家的费用大，大家就多凑一点份子钱，反之亦然。

四、神情举止显庄重

在参加丧葬礼时，要尊重逝者，态度庄重谦恭。这不仅有助于营造一个安静肃穆的葬礼氛围，也是对逝者生命尊严的维护和对家属情感的体贴。

仪式期间的举止。在葬礼仪式进行期间，应保持安静，避免任何窃窃私语、笑声或其他可能引起他人不适的行为。手机等电子设备应调至静音或关闭状态，以维护仪式的庄严和不受干扰。

表达哀悼的方式。在葬礼上，应避免过于激烈的情绪表达，如号啕大哭或扑到逝者身上。这种过度的哀悼行为不仅会加剧逝者亲人的痛苦，也可能扰乱葬礼的秩序。在平静和肃穆的氛围中送别逝者，更能体现出对逝者的尊重和追思。

维护个人形象。如果与逝者的关系并不十分亲近却表现出强烈的哀伤，可能会被视为不真诚或做作。因此，即使表达哀悼，也应保持适度，避免干嚎不掉泪，以免给逝者家属带来不快。

遵循仪式礼仪。在葬礼过程中，应遵循起立、鞠躬、默哀等礼仪，这有助于维持仪式的秩序。在适当的时机，向逝者家属简短表达慰问，传达对逝者的怀念和对家属的关心与支持。

仪式结束后的行为。葬礼结束后，应安静有序地离开现场。离开时，可以再次向家属简短问候并表达慰问，以示对逝者及其家庭的尊重。

五、主持严肃且庄重

葬礼司仪的职责。葬礼司仪在撰写追悼词时，应精心构思，内容主要包括逝者的身份和生平以及对逝者的评价和悼念之情。追悼词应避免提及逝者的缺点和错误。

葬礼司仪应表情严肃，语速缓慢低沉，说话有力但不张扬。衣着要庄重，通常穿黑色西装，可搭配白色衬衫。在讲话时，要根据来宾的身份恰当称呼，确保讲话得体、尊重每一位参与者。

文 明 礼 仪

 小贴士

丧事活动中的"六禁止"

- 禁止在城市严管区等公共场所搭建灵堂。
- 禁止在城市严管区燃放烟花爆竹和使用礼炮。
- 禁止在城市严管区抛撒纸钱冥币,以免影响交通和市容市貌。
- 禁止驾驶非法改装的花车、鼓乐车、电子花圈车、电子屏幕车。
- 禁止骨灰装棺出殡(暂缓火化区除外)。
- 禁止违规新建、翻建坟墓。

第二章 人生礼仪

团体篇

礼仪是宣示价值观、教化人民的有效方式，要有计划地建立和规范一些礼仪制度，如升国旗仪式、成人仪式、入党入团入队仪式等，利用重大纪念日、民族传统节日等契机，组织开展形式多样的纪念庆典活动，传播主流价值，增强人们的认同感和归属感。

——2014年2月24日，习近平在中共中央政治局第十三次集体学习时的讲话

文明礼仪

入队礼

青少年时期,被誉为人生的"拔节孕穗期",是形成价值观和人生观的关键阶段。入队、入团、入党是青少年追求政治进步的三部曲。入队礼作为这一时期的标志性活动,对于青少年的全面发展具有深远的影响。

中国共产主义少年先锋队(简称"少先队")是中国共产党创立和领导的中国少年儿童的群团组织,是少年儿童学习中国特色社会主义和共产主义的学校,是建设社会主义和共产主义的预备队。长期以来,在党的坚强领导下,中国少年先锋队团结、教育、引领一代又一代少年儿童听党话、跟党走,在革命、建设、改革的各个历史时期健康成长,为党的少年儿童事业发挥了不可替代的重要作用。

入队礼是少先队组织的重要仪式,它标志着新成员正式加入少先队,成为组织的一员。在这一庄重的仪式上,通常由资深队员、少先队辅导员或工作者代表向新队员授予象征荣誉和责任的红领巾。随后,新队员在队旗下庄严宣誓,表达他们为实现组织目标而努力学习、积极进取的决心。

一、礼仪规范

(一)规格

入队仪式一般由学校少先队大队或中队组织。根据工作需要,县级

第二章 人生礼仪·团体篇

及以上的中国少年先锋队全国工作委员会（简称"少工委"）可组织示范性入队仪式。

参加人员包括：新队员，老队员代表，学校少工委负责人，学校团组织或上级团组织负责人，少先队辅导员。可邀请学校领导、教师代表，优秀党员、团员、团干部代表，各行各业先进人物代表，校外辅导员代表，暂未入队的学生等参加。

（二）着装

学生一般统一着装。少先队员、少先队辅导员、少先队工作者佩戴红领巾，获得"红领巾奖章"星级章的少先队员佩戴星级章。

受邀参加入队仪式的党员、团员、团干部代表须佩戴红领巾，非党员、团员、团干部的先进人物经学校少工委或县级及以上少工委同意后可佩戴红领巾。

（三）准时到场

安排好时间，提前到达仪式场地，以免迟到，因为迟到可能会打乱仪式流程。

（四）认真倾听

遵循场地规定，手机等设备应保持静音状态。在仪式中认真倾听，特别是在代表发言时，要认真倾听演讲内容。如果仪式包括互动环节，如鼓掌、回答问题等，要积极参与。

（五）礼乐

播放或现场演奏中国少年先锋队队歌。

（六）环境布置

在仪式场地适当位置悬挂队徽或张贴、展示队徽图案，同时以适当方式展示"××（单位或组织名称）少先队新队员入队仪式"字标。

 **小贴士**

队徽

中国少先队队徽由五角星、火炬和写有"中国少先队"的红色绶带组成。五角星、火炬柄和"中国少先队"五个字为金色,绶带和火炬的火焰为正红色,火焰和绶带镶金边,"中国少先队"字体为黑体。

在适当位置设置入队誓词。不具备条件的,可由领誓人手持誓词卡片。

二、礼仪流程

主持人一般由学校少先队大队长或中队长担任。

县级及以上的少工委组织的示范性入队仪式,主持人一般由同级少工委负责人、总辅导员或区域内优秀大队长代表担任。

1 出旗

根据组织主体出大队旗或中队旗。播放或由鼓号队演奏出旗曲。一名少先队员旗手和两名少先队员护旗手组成旗手组合,旗手右手握旗杆下部贴腰,左手伸直握旗杆中上部,旗杆与地面约呈 45°角。出旗时,旗手、护旗手从整个队伍正后方出发,从全体队员中间经过,走到指定位置停下,转身面向观众。出旗时,辅导员、全体队员和护旗手敬礼。

敬礼:立正,右手五指并拢,手掌与小臂成直线,自下至上经胸前高举头上约一拳,动作自然流畅,掌心朝向左前下方。

小贴士

队旗

队旗是少先队组织的标志。五角星加火炬的红旗是少先队队旗，五角星代表中国共产党的领导，火炬象征光明，红旗象征革命胜利。

队旗指大、中队旗。队旗颜色采用国旗红，可用布、绸、缎等材料按照标准制作。

大队旗长120厘米、高90厘米。旗中心是五角星和火炬，五角星为黄色，火炬由黄色线条勾勒出轮廓。

中队旗长80厘米、高60厘米。右端剪去高20厘米、底宽60厘米的等腰三角形，形成一个三角形缺口，五角星及火炬在以60厘米为边长的正方形中心。

❷ 奏唱队歌
奏唱中国少年先锋队队歌。
❸ 宣读组建年级少先队组织的决定（已建立的，省略该流程）
❹ 宣布新队员名单
❺ 为新队员授红领巾
一般由老队员代表，少先队工作者，少先队辅导员，或特邀党员、

小贴士

红领巾的佩戴方法

红领巾的佩戴方法是有明确规定的。1950年颁布的中国少年儿童队队旗、队歌、队员标志等（"中国少年儿童队"1953年改名为"中国少年先锋队"）作了明确规定：一、将红领巾披在肩上，钝角对准脊椎骨，右角放在左角下面，两角交叉。二、将右角经过左角前面拉到右边，左角不动。三、右角经左右两角交叉的空隙中拉出，右角恰绕过左角一圈。四、将右角从此圈中拉出，抽紧。2005年发布的《关于中国少年先锋队队旗、队徽和红领巾、队干部标志制作和使用的若干规定》和2017年发布的《中国少年先锋队标志礼仪基本规范》，均对红领巾佩戴方法进行重申，与1950年所作规定一致。在规定中，对红领巾披上肩之前是否折叠、是否压在衣领下等细节未作硬性要求。具体操作中，各地在这些细节上有所差异。

团员、团干部代表等为新队员授红领巾。一般使用小号红领巾。

授红领巾后，新老队员互敬队礼。为新队员授红领巾的少先队工作者，少先队辅导员，或特邀党员、团员、团干部代表等可回敬队礼。

❻ 新队员宣誓

一般由大队辅导员、大队长或少先队工作者领誓。

宣誓时，少先队员面向队旗，跟随领誓人举起右手并握拳，与右耳齐，拳心向前。领誓人逐句诵读誓词，宣誓人齐声跟读誓词，态度严肃认真，声音洪亮激昂。

文明礼仪

小贴士

入队誓词

我是中国少年先锋队队员。我在队旗下宣誓：我热爱中国共产党，热爱祖国，热爱人民，好好学习，好好锻炼，准备着：为共产主义事业贡献力量！

领誓人诵完誓词，诵毕"宣誓人"后，领誓人、宣誓人一般依次报出自己的姓名；人数较多时，领誓人、宣誓人可同时报出自己的姓名。

⑦ 为新建中队授中队旗（无新建中队的，省略流程七、八）

⑧ 为新建中队聘请中队辅导员

⑨ 向新队员提出希望和要求

党组织、团组织负责人或大队辅导员向新队员提出希望和要求。

⑩ 呼号

一般由党组织、团组织代表，总辅导员，大队辅导员，或其他可以作为少先队员表率的人领呼。

领呼人呼号："准备着：为共产主义事业而奋斗！"少先队员回答："时刻准备着！"呼号时，领呼人面向队员，在"呼号"动令后，领呼人和队员举起右手并握拳，与右耳齐，拳心向前，进行呼号。呼号完毕，领呼人落下右拳，少先队员随之落下右拳。

⑪ 退旗

播放或由鼓号队演奏退旗曲。按出旗的路线原路退出。辅导员、全体队员和护旗手敬队礼。旗手组合退至场外，退旗曲停止。

地区示范性入队仪式可参照上述仪程开展。

全国优秀少先队员评选条件

"全国优秀少先队员"是共青团中央、教育部、全国少工委授予少先队员的最高荣誉,旨在深入贯彻落实习近平新时代中国特色社会主义思想,贯彻落实习近平总书记关于少年儿童和少先队工作的重要论述,充分发挥先进典型示范引领作用,激励广大少先队员比学赶超、创先争优,增强少先队员光荣感和组织归属感,努力成长为堪当民族复兴重任的时代新人。

全国优秀少先队员表彰每两年开展一次,一般在双数年开展。全国优秀少先队员的评比表彰由共青团中央少年部、全国少工委办公室负责组织实施。

全国优秀少先队员的参评资格:

· 队龄3年以上(特别优秀的可放宽到2年以上队龄)。

· 原则上应当在近5年以内获得过省级以上共青团组织、教育部门、少先队组织表彰,或者获得过"红领巾奖章"四星以上星级章。

· 年满14周岁的原则上应当已向团组织提出入团申请。

全国优秀少先队员的基本条件:

文明礼仪

·信念坚定。牢记和践行习近平总书记重要要求，热爱党、热爱祖国、热爱人民。

·志向远大。从小树立追求真理、报效祖国的志向，主动传承红色基因，为实现中华民族伟大复兴中国梦时刻准备着的使命感强。

·品行优秀。从小学习做人，带头学习践行社会主义核心价值观，传承中华民族传统美德，集体主义精神和规则意识强，在身边少先队员中表率作用发挥好。

·勤练本领。在勤奋学习、热爱劳动、勇于创造、勇于实践方面有具体突出表现，积极参加少先队主题实践和"红领巾奖章"活动，锻炼强健体魄，能够主动带动身边少先队员从小学先锋、长大做先锋。

先进事迹在社会上产生重要影响的少先队员，可以个别破格推荐参评。

成人礼

挺膺担当，青春有为。成人礼是一种传统的社会仪式，它标志着年轻人从青少年过渡到成年阶段，承担起成年人的责任和义务。在我国古代，不管男孩女孩，一到成年就要举行特殊的成人仪式，改变发式，男戴冠，女戴笄，分别叫"冠礼"和"笄礼"，其本意是防止与未成年的异性通婚。

现阶段，成人礼被赋予更加丰富的内涵。成人礼常常包含对文化传统的传承，如学习传统知识、技能或接受长辈的祝福和教诲。成人礼也是一个教育过程，年轻人在仪式中理解成年的责任，包括对家庭、社会和自己的责任。

成人礼是个人成长和社会化过程的重要组成部分，它帮助年轻人建立起对自己身份的认识，为未来的社会生活做好准备。

一、礼仪规范

❶ 参与主体

成人仪式的参加者是普通中学、中等职业学校（含技工学校）即将或刚满18周岁的适龄学生。组织者可根据情况覆盖高三年级的全体学生。成人礼原则上以学校共青团组织为主要组织单位，可邀请学校领导、

文明礼仪

小贴士

成人礼基本原则

❶ 注重政治性。以思想政治引领和价值引领为核心,引导广大中学生坚定理想信念,树立"四个意识",增强"四个自信",勇于担当党和人民赋予的时代使命和历史重任。

❷ 注重教育性。紧紧围绕立德树人的根本任务,以学生为中心,将教育目的贯穿仪式始终,引导学生通过参与成人仪式,深刻理解作为一名成年公民应当自尊自立自强,担当起对家庭、社会、人民、国家应有的责任,健康成长、全面发展。

❸ 注重规范性。履行规定的基本程序,使用统一的誓词、标志,注重体现过程的庄重严肃,把仪式感转化为感动人、激励人、鼓舞人的精神力量,给学生留下难忘的回忆和思想印记。

❹ 注重创新性。在规定的基本程序的基础上,各地各学校可结合地域特色、学校实际及学生特点进行充实和创新,使活动更好地体现个性化、提升有效性。

教师、家长以及校友共同参与。地方共青团组织可集中举办区域性的成人仪式。

❷ 活动时间

成人仪式原则上安排在"国家宪法日"(12月4日)举行。各地也可根据实际情况,安排在五四青年节或当地确定的"成人节""成人宣誓日"举行。

❸ 活动地点

举行成人仪式的地点既可以在校内,也可以在爱国主义教育基地、

文 明 礼 仪

成人礼标志

成人仪式应使用统一标志。标志造型是由阿拉伯数字"18"组成飞鸟展翅的形象。"18"代表成人的年龄界限,"飞鸟"象征青年羽翼长成,成为成年公民,应当独立担负起宪法赋予的责任和义务。标志为红色,象征热情、成熟,可在成人仪式的各项活动中使用。

国防教育基地、社会实践基地、志愿服务基地等有教育意义的校外场所。现场须悬挂国旗,布置"成人门",营造庄重严肃的氛围。

❹ 身着正装

成人礼是十分严肃庄重的仪式,家长和老师应选择穿正装出席典礼,学生则可以穿整洁干净的校服参加成人仪式。

❺ 准备礼物

孩子可以给父母准备精心制作的小礼物,父母可以满足孩子近期的一个小愿望,如周末看电影等。

❻ 其他要求

参加者要守时守约,不要大声喧哗,以保持会场的神圣感。

二、礼仪流程

成人仪式应包括以下基本程序:

❶ 升国旗、奏唱国歌。

❷ 学习习近平总书记对青年的寄语(如习近平总书记在党的二十

大报告中的相关讲话内容）。

❸ 师长代表致辞（可由上级团组织领导、校领导、知名校友或教师代表阐明成人仪式的意义，对学生提出期望和要求）。

❹ 家长代表致辞（回顾孩子的成长经历，表达美好祝愿）。

❺ 师长、家长为学生佩戴成人帽或成人纪念章，赠送《中华人民共和国宪法》。

❻ 学生向师长、家长鞠躬，行感恩礼。

❼ 学生代表发言，表达感恩之情、承诺成人责任、展望青春梦想。

❽ 学生朗诵经典（可选用《少年中国说》或《青春》等经典文章的相关内容）。

❾ 学生面向国旗庄严宣誓。

❿ 奏放团歌，参礼学生迈过成人门。

成人礼原则上由学校团委书记或当地团组织负责人主持，由团员作为学生代表发言。学生原则上统一着装，团员须佩戴团徽。

 小贴士

成人礼誓词

我是中华人民共和国公民。我将遵守宪法和法律，拥护中国共产党的领导，正确行使权利，忠实履行义务，弘扬社会道德，爱国、励志、求真、力行，做有理想、有本领、有担当的好青年，努力成为中国特色社会主义合格建设者和可靠接班人。

领誓人：×××（宣誓人：×××）

毕业礼

毕业礼是学生教育旅程中一个重要的里程碑，标志着学生完成了一个阶段的学业，准备迈向更高层次的教育或职业生涯。

毕业礼不仅是对学生学术成就的庆祝，也是他们步入新阶段的正式宣告。全球各地的学校都会以不同的形式举行毕业典礼，以表彰学生的成就并鼓励他们继续前进。

为了保持毕业礼的庄重和有序，所有参与者需遵守一定的礼仪规范。

一、礼仪规范

❶ 仪容仪表整洁干净

毕业典礼要求参与者保持整洁干净的仪容仪表。男生应着西装或正式礼服，女生则宜选择得体的礼服或连衣裙。整洁的外表和适当的妆容是对这一正式场合的基本尊重。

❷ 整齐有序入场

学生在入场时应保持队伍的整齐和秩序，避免拥挤和推搡。按照既定的顺序进入会场，仪态庄重，举止文雅，展现对毕业典礼的尊重。

❸ 按指示就座

学生应根据指示找到自己的座位，并在就座过程中保持礼貌和安静。

端正的坐姿和对周围人的尊重是毕业典礼礼仪的一部分。

❹ 有序排队合影

毕业礼结束时的合影是留下美好回忆的重要时刻。学生应根据工作人员的指示有序排队，保持微笑，展现快乐的心情，同时避免过度的情绪表达，以确保每个人的美好瞬间都能被捕捉。

❺ 安静有序离场

随着毕业礼的结束，学生应安静有序地离开会场，避免造成拥堵。保持队形和秩序，确保所有人顺利离开。

 小贴士

古代也有"毕业礼"

隋唐以后，随着科举制度日趋完善，"毕业季"活动程序也日趋完善，而且充满仪式感。

学子中榜之后，先要拜谢主考官即俗称的"谢恩"。唐朝王定保《唐摭言》记载："状元已下，到主司宅门下马，缀行而立，敛名纸通呈。入门，并叙立于阶下……拜讫，状元出行致辞……谢恩。余人如状元礼。"就是说凡是中榜考生，要一同前往主考官住处按名次排队谢恩，状元出列致辞，接着其他学子依次拜见主考官；并作自我介绍，致谢座主（称主考官为座主，自称门生）的拔擢之恩。随后，主考官带领学子去中书省都堂拜见宰相，俗称"过堂"。过堂前相关官员会收取中榜学子的名纸；然后由状元致辞，其他中榜学子依次自我介绍并道谢。科举考试增加殿试之后，所有中榜学子都成了"天子门生"，此前向主考官和宰相谢恩逐渐变成向皇帝谢恩，俗称"朝谢"。

清朝中榜学子在朝谢之后，还有簪红花仪式，这一仪式与当下学位授予时的"拨穗"仪式相仿。

二、礼仪流程

毕业礼通常有开场致辞、领导讲话、颁发证书等环节。在这些环节中，学生应认真倾听演讲内容，不打瞌睡或做其他与典礼无关的事情。在颁发证书环节，学生应站起身，充满自信地接受，以示对所取得成绩的自豪。

❶ 开场与欢迎致辞

典礼伊始，主持人向所有嘉宾、学校领导、教师及毕业生家属表示热烈的欢迎，正式揭开毕业典礼的序幕。

❷ 奏国歌/校歌

全体参与者肃立，以奏响国歌或校歌的方式，表达对国家和学校的敬意与热爱。

❸ 校长致辞

校长在致辞中回顾毕业生在校期间取得的成绩，对毕业生的未来寄予殷切期望，并给予诚挚的祝福。

❹ 教师代表致辞

教师代表分享他们的教学体会和对学生的深情寄语，表达对学生未来有所成就的期待。

❺ 学生代表致辞

毕业生代表发表演讲，表达对学校的感激之情，分享学习经历，以及对未来的展望。

❻ 宣读毕业生名单

相关负责人宣读毕业生名单，并对优秀毕业生或其他荣誉获得者进行表彰。

文明礼仪

7 颁发毕业证书

校领导亲手为毕业生颁发毕业证书，这是对学生努力学习及其取得优异成绩的肯定。

8 颁发荣誉奖项

对获得优秀毕业生奖、奖学金等荣誉的学生进行表彰，由校领导或嘉宾颁发奖项。

9 毕业生誓言或承诺

毕业生集体宣读誓言或承诺，展现他们对未来的坚定决心和责任感。

10 毕业表演

毕业生或学生组织表演精心排练的节目，如合唱、舞蹈、朗诵等，为典礼增添喜庆的气氛。

11 致谢与告别

主持人或校长对参与毕业典礼的所有人表示感谢，毕业生向教师、家长及所有支持他们的人致以诚挚的谢意。

12 结束语与祝福

主持人宣布毕业典礼圆满结束，并向毕业生送出最真挚的祝福。

一个人最重要的 7 项能力

1 认清自我、定位规划的能力

一个人如果无法有效地认清自我，就可能带来各种各样的问题：辛辛苦苦考上大学，到最后却发现这个专业自己并不喜欢；花了很大的代价进的公司，却不是自己想要的岗位。一个人只有尽早地认识自我、认清世界，对人生的各个阶段及职业发展做好长远的规划，才不至于到了一定的年龄喟然长叹。

❷ 掌控节奏、保持自律的能力

做任何事情都需要一个过程，也会有一个最佳的期限，不必太急，但也不能太晚，关键在于掌握自己的节奏，持续努力。

❸ 调整心态、稳定情绪的能力

良好的心态和情绪管理能力是一个人获得成功的基础，在面对外界的各种变化时，只有调整好了自己的心态，才能更好地处理事情。

❹ 面对困境、快速复原的能力

快速复原的能力，指的是一个人从失衡的状态恢复到正常状态的自我调整能力。它能够让人快速忘记一些不愉快的事情，转换到正向的状态当中。

❺ 冷静思考、深度复盘的能力

在这个快速变化的时代，面对海量的信息和突发情况，需要我们冷静分析，深度思考，不断试错，调整自我，找到实现目标的最优路径，成为更好的自己。

❻ 提升自己、学习成长的能力

这里的能力，不光是听课看书的能力，还包括了自我总结的能力，拆解和模仿的能力。

学习上要结合个人的人生规划，选择适合自己

的成长路线，制定合理的学习计划。多和优秀的人交往，加入高品质的信息圈子，也能够有效地提升自己的认知和格局。

❼ 持续努力、高效执行的能力

时间不等人，一旦想好了就应该马上执行，边行动边调整，定期总结，不断完善，千万别总是等待。

总之，成功需要有一个过程，不在于你短期内跑得有多快，而在于你能够持续多久，长期坚持不懈的努力，会让你甩开大多数的对手。

升学礼

升学礼标志着学生在学业上的重要进步,如从初中升入高中或从高中升入大学,是他们成长过程中一个重要的里程碑,也是教育体系中一个具有深厚文化意义的传统仪式,它不仅是学生个人成长的重要标志,也是社会文化不可或缺的一部分。

一、礼仪规范

❶ 时间的选择

升学礼通常安排在学年结束之际,以顺应学生的升学时机,并为学校和家庭提供一个天然的庆祝节点。选择在周末或假日举行,可以减少对学生和家长日常学习工作的干扰,同时提高家庭的参与度。

❷ 场所的安排

学校礼堂是举办升学礼的传统场所,它不仅能够展现学校的庄重氛围,还能预计容纳的参与人数。无论选择何种场地,都必须确保安全舒适。

❸ 宴会的安排

升学宴会是升学礼的重要组成部分。在升学礼之后,选择一个舒适、

文 明 礼 仪

宽敞的场地。准备庆祝蛋糕和特色点心，增强宴会的庆祝氛围。聘请专业摄影师记录宴会的精彩瞬间，或设置摄影区域供来宾拍照留念。为学生和老师准备纪念品，如定制的纪念章或证书，以表达对他们的感激和祝福。

摒除陈规陋习　　树立文明新风尚

每年六七月，高考毕业季，是举办"升学宴"的高峰期。现在，越来越多的地方以高考毕业季为契机，用集中"升学礼"代替传统"升学宴"，摒弃大操大办的陈规陋习，扎实推进移风易俗，引导广大群众喜事新办，共同遏制"人情风"，抵制"升学宴"，在潜移默化中涵育社会新风。以最高雅、最文明的典礼，祝贺学子"金榜题名"，用文明健康、意义深远的方式表达喜悦之情，弘扬传统文化，倡导文明新风。

这种方式，既有人情味，又有仪式感；既给了家长和学生荣誉感和成就感，也传递了推进移风易俗、人人参与的社会责任感，将感恩教育、廉洁教育和精神文明建设有机融合在一起。

二、礼仪流程

❶ 召开师生亲友会

升学礼是一次汇聚老师、学生及亲朋好友的盛会，大家分享喜悦、交流情感。这不仅是庆祝学生升学的喜事，也表达了对老师、家长辛勤付出的感激之情。

文 明 礼 仪

❷ 回顾过去的历程

通过视频、照片等形式，回顾学生在校期间的经历，总结经验，展望未来。

❸ 赠礼祝贺

为学生准备礼物，如学习用品、纪念品、书籍等，表达对他们进入新学习阶段的祝福和期许。同时，也向老师赠送纪念品，表示感谢。

❹ 分享感言

学生代表、家长代表及老师代表发表感言，分享升学的喜悦和对未来的规划和期待。

❺ 主持人发言

主持人在升学礼仪式中扮演着关键角色，负责引导整个仪式的氛围。发言内容如下：

欢迎致辞：以热情洋溢的语气欢迎嘉宾，介绍升学礼的目的和意义，强调这是新征程的起点。

感谢与祝愿：对老师的辛勤教导、家长的支持表示感谢，向即将开始新的学习生活的学生们表达祝福和鼓励。

回顾与展望：回顾学生的成长历程和取得的成绩，鼓励他们勇敢面对新的挑战，树立正确的人生观和价值观。

感谢和结束语：在仪式的最后，再次对所有参与者表示感谢，并祝愿大家未来一切顺利。

以上内容可以根据具体情况和仪式的特点进行适当调整。主持人的发言要言之有物，情感真挚，能够引导整个仪式的氛围，让人感觉温馨而庄重。

"升学宴"变"升学礼"，弘扬新民风

"这样的活动太有意义了，还很有仪式感！"2023年7月8日，巴中市通江县至诚镇在便民服务中心广场开展2023至诚镇第一届"崇德明礼 立志强国"升学礼活动。伴随着激昂的音乐，学生们在移风易俗签名墙上签名，脚踏红毯步入会场，集中举行升学礼仪。

随后，至诚中学师生表演了歌伴舞《光阴的故事》、舞台剧《妈妈，你听我说》、诗朗诵等节目，充分展现了学子们的青春活力，表达了学子们对老师及家长和社会的感恩之情。在树新风环节，舞蹈《灯火里的中国》、小品《大操大办不划算》将活动推向了高潮。节目既贴近群众生活，又寓教于乐，赢得了现场观众的阵阵掌声。

与此类似的，还有7月7日杨柏镇举行的"笃行强国志 启航新征程"集体升学礼暨治理大操大办推进移风易俗"算账会"，以健康新颖的形式向学子们表达祝福之情。

在现场，杨柏镇的十余名学子戴红花、披绶带，接受爱心礼包。学子们通过敬感恩茶、行感恩礼等方式,深切表达了对父母、老师和政府的感激之情。一场朴素而又庄重的集体升学礼,不仅让莘莘学子有金榜题名的"仪式感",而且卸掉了乡亲们"人情风"的重担,树立了节俭文明、向上向善的新风尚。

据悉,2023年以来,通江县纪委监委不断创新工作举措,治理大操大办、推动移风易俗,以高考毕业季为契机,用"集中升学礼"代替传统"升学宴",引导广大群众喜事新办,共同遏制"人情风"、抵制"升学宴",在潜移默化中涵育社会新风。

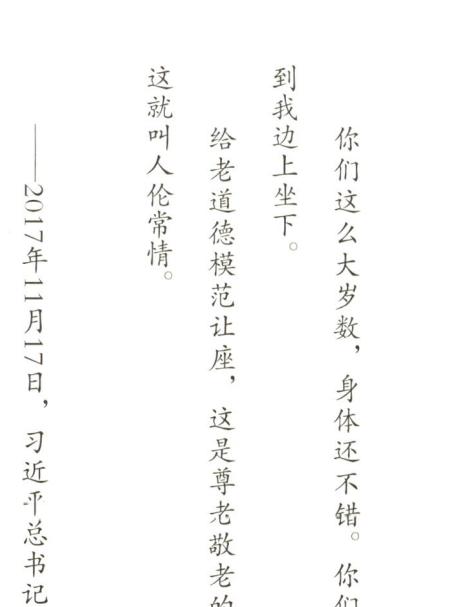

第三章

日常生活礼仪

你们这么大岁数,身体还不错。你们别站着了,到我边上坐下。

给老道德模范让座,这是尊老敬老的传统美德,这就叫人伦常情。

——2017年11月17日,习近平总书记亲切会见参加全国精神文明建设表彰大会代表,准备合影时,出现了暖心一幕。

仪容服饰礼仪

在中国，这个被誉为"礼仪之邦"的国度，服饰礼仪是展现华夏文明的重要文化符号。中华民族历来崇尚端庄儒雅的仪容和服饰，这不仅是个人修养的体现，也是社会文明的象征。服饰礼仪作为中华文明的一部分，传递了中华文化的深厚内涵。

传统文化提倡的"文质彬彬，然后君子"的理念，强调内在德行与外在表现的和谐统一。整洁得体的服饰、恭肃庄重的仪容、落落大方的举止，都是展现个人高尚德行和深沉修养的方式。

一、仪容整洁且精神

整洁的仪容和得体的穿着是文明社会的基本要求。从头部到脚部，保持服饰的干净整洁不仅能够提升个人的精神状态，也是尊重他人的外在表现。相反，衣衫不整或穿着随意，会给人一种懒散、不认真的印象，这既是对自己的不尊重，也是对他人的不尊重。

在公共场合，应避免穿着过于随意，尤其是袒胸赤膊。在高温天气下，

第三章　日常生活礼仪

文明礼仪

一些人为了凉快而选择暴露身体，这种行为不仅会给他人造成视觉上的不适，还可能对个人健康产生不利影响。裸露的皮肤在强烈的阳光照射下容易受到紫外线的伤害，导致皮肤水分流失和组织损伤，甚至可能引发皮肤病变。此外，赤裸的胸背在受凉后容易引发肠胃、呼吸道和心血管疾病，长此以往可能导致肩周炎、腰腿痛等健康问题。因此，为了维护公共道德和个人健康，人们在公共场合应注意穿着得体。

 曝光台

公共场所"膀爷"被曝光罚款！

夏季来临，大街上赤裸上身纳凉的男士随处可见。这种为图凉快、有碍观瞻的行为显然是不文明的。

2019年7月，山东济南开展夏季不文明行为整治，其中重点整治在公共区域赤膊光膀、脱鞋晾脚、随意暴露等行为。据相关负责人介绍，整治主要以劝导为主，对一些经劝阻不听的行为，或是高发易发的不文明行为，会采取曝光等方式来提高大家的关注度。

除济南外，天津、河北邯郸、辽宁沈阳都曾出台相应的措施整治"膀爷"，有的已开出罚单。

2019年5月1日起，《天津市文明行为促进条例》施行，其中第五十五条明确规定，在公共场所赤膊不听劝阻的将由公安机关责令整改，拒不改正的处50

元以上 200 元以下罚款。当月，天津静海警方及和平警方均对此类不文明行为开出了罚单。

一个文明城市的创建，不是某个人或某个部门的事情，而是需要全社会每个公民参与其中，以身作则，从小事做起，从我做起，从细节做起，只有这样，城市文明建设水平才会不断提升。

二、举手投足应适度

行为举止的适度对于个人形象至关重要。良好的举止需要内在的修养和锤炼，保持温良谦恭的态度，避免愤怒和狂躁，能够使我们在各种场合中进退得宜。

阅读书籍、丰富人生经历、开阔视野，可以加强内在修养，提升个人的境界，培养出高雅的情趣。这种由内而外的和谐，能够使我们在举手投足间自然流露出优雅的气质。

三、穿衣打扮合身份

服饰应与个人的身份和职业相符。例如，教育工作者的着装应体现教书育人、为人师表的形象，避免奇装异服和浓妆艳抹，以免对学生产生不良影响。医务人员的着装应朴素、稳重，以赢得病人的信任。法律行业或商界人士则应选择成熟、稳重、大方的着装，展现谦虚谨慎、务实干练的形象。

四、服饰装扮分场合

宾礼的着装需根据具体场合调整。如在喜庆场合，应穿着色彩明亮、款式得体的服装；而在丧葬等庄重场合，则应选择颜色沉重、款式朴素的着装。

❶ 喜礼

在喜庆场合，如婚礼或庆典，男士可着西服正装，女士则适宜选择西装套裙或暖色系的服装。红色旗袍或其他颜色鲜亮且端庄的款式也是女士的佳选，总体要求是得体而大方。

❷ 凶礼

凶礼通常指丧葬仪式，着装以素色为主，避免艳丽色彩。宾客均应选择黑色、灰色或蓝色等单一色调的服装，女士应避免浓妆。

 小贴士

服饰搭配技巧

在服装选择上，要注重搭配。合理的服饰搭配，能够掩饰自身的某些缺点，也能够更好展现自己的优点。

❶ 注重整体效果

着装应当基于整体考虑和统筹搭配，注重整体效果。首先，恪守服装本身约定俗成的搭配。例如，穿西装时最好搭配衬衣、皮鞋。其次，要使服装各个部分相互适应、相互协调，局部服从整体，力求展现着装的整体之美、全局之美。

❷ 注重协调

服饰协调，是指人的穿着与他的年龄、体型、职业以及所处的环境等相匹配。年龄不同,穿着要求就不同。不同体型、不同肤色的人,应选择合适的服饰。职业的差异对于仪表服饰的选择也非常重要。例如,教师的服装应庄重、整洁,医生的穿着则力求稳重。服饰协调还要求着装与周围的环境和谐一致。当然,不同国家、不同民族因其文化背景、地理环境、风俗人情不同,在服装搭配上会呈现出不同的特点。

❸ 注意色彩搭配

服装颜色可分为三类:暖色、冷色和中性色。选择服装要考虑服装色彩之间的搭配,服装色彩与体型、肤色的搭配。一般而言,一次着装不要超过三种颜色,颜色太多会给人杂乱无章的感觉。

五、佩戴饰品有讲究

佩戴饰品是一种艺术,也是一种文化表达。了解并遵守饰品佩戴的礼仪,不仅能够提升个人形象,也是对不同文化和习俗的尊重。适当的饰品选择和搭配,能够彰显个人的风格和品位,使之成为社交互动中的亮点。随着社会的发展,饰品礼仪也在不断地融入现代生活,成为展现个人魅力和文化素养的重要方式。

❶ 饰品佩戴的场合适宜性

休闲、运动或旅游场合,建议不佩戴或少佩戴首饰,以保持轻松自然。公务场合应避免佩戴过于夸张的首饰,如大型耳环、显眼的手链或脚链,以体现专业形象。宴会或喜庆场合,适宜选择与着装相匹配的首饰,并注意整体搭配是否和谐。

❷ 饰品佩戴的原则

首饰佩戴应遵循"以少为佳,风格统一"的原则,数量上一般不超

文明礼仪

过三件，质地、色彩和风格应保持一致性。首饰应与服装风格相协调，如华贵的服装搭配贵重的首饰，飘逸服装适合精致的首饰，庄重服装则与大气的首饰相得益彰。还应根据季节变化选择适宜的首饰，如深色或金色首饰适合冬季，而艳色或银色首饰适合夏季。

❸ 文化与习俗的尊重

尊重不同地区和民族的首饰佩戴习俗，如苗族地区佩戴银饰讲究以多为美。注意首饰所蕴含的文化含义，如戒指的佩戴位置可能代表个人的情感状态或生活选择。

❹ 性别与形体特征的考量

首饰佩戴在性别上有所区别，女士可选择多样的首饰，而男士则宜选择简约的首饰或不佩戴首饰。可根据个人的形体特征选择适合的首饰，以增强个人魅力，避免不恰当的搭配。

餐饮礼仪

餐饮礼仪是中华饮食文化的重要组成部分，它体现了尊重、谦让和体谅的传统美德。了解并遵守餐饮礼仪，不仅能够营造和谐愉快的用餐氛围，也能够展现个人的修养和素质。随着社会的发展，这些礼仪规范也在不断地融入现代生活，成为提升社交能力的重要方式。

一、主宾座位有次序

宴请宾客时，座位安排体现了尊重和次序。首先，应邀请年长者入席，随后引导其他宾客从座位右侧入席。主人入座应在长者之后，以示敬意。在二人就座时，以右为尊；三人就座时，中间位置最为尊贵；多人就座时，主人居中，右侧为主宾，左侧为次宾。座位的左右方位通常以面对正门的位置为准。

文明礼仪

在高档餐厅，若室外有美景或高雅演出，最佳观赏角度则为上座。若有两桌宴席，右桌通常为主桌；若有多桌宴席，中间桌为上。不要让客人坐在门口上菜处，以免造成不敬。

二、客人不点头道菜

宴席上点菜也是一门艺术。主人在接过菜单后，会礼貌性地邀请宾客点菜，但宾客应以谦让为主，让主人先行点菜。主人点的第一道菜，俗称"盖帽"，其价位通常为后面点菜的参考标准。宾客在点菜时应考虑主人的经济情况，避免点价位过高的菜品，以免造成尴尬。同时，宾客点菜时也应询问同桌人的饮食习惯和禁忌，以体现对他人的尊重。

 小贴士

中餐点菜的"三优"原则

宴请他人，主人一般要对所选的菜单进行再三斟酌，着重考虑哪些菜肴宜选，哪些菜肴禁忌，中餐点菜一般遵循"三优"原则。

❶ 选择有中餐特色的菜肴：宴请外宾的时候，这一条更要重视。像炸春卷、煮元宵、蒸饺子、宫保鸡丁等，并不是多贵重的美味佳肴，但因其具有鲜明的中国特色，受到很多外国人的推崇。

❷ 选择有本地特色的菜肴：如广州的白切鸡、广式烧鹅、烧乳猪、叉烧包；山东的葱爆海参、九转大肠、荠菜春卷、芝麻排骨；西安的羊肉泡馍；湖南的毛家红烧肉；上海的红烧狮子头；北京的涮羊肉等。宴请外地客人时，上这些特色菜，恐怕要比千篇一律的生猛海鲜更受好评。

❸ 选择餐馆的特色菜肴：很多餐馆都有自己的特色菜，上一份特色菜，能说明主人的细心和对客人的尊重。

三、就餐仪态要优雅

进餐时，应保持优雅的仪态。对于湿软的食物如烧肉或炖肉，应使用牙齿轻轻咬断，避免用手直接掰开。在夹菜时，应先决定选择哪样菜再动筷，避免筷子在菜碗上挥来挥去。筷子不能直插在饭碗中，这在日常生活中是不敬之举，也犯了忌讳。筷子使用后应放置在筷托或餐碟上。交谈时不宜挥动筷子，避免吸咬筷子发出声响。剔牙应尽量在隐蔽处进行，或在洗手间处理，若必须在餐桌上，则应侧身用手掩口进行。剔出的食物应用餐巾纸包裹后丢弃。

 小贴士

正确使用筷子

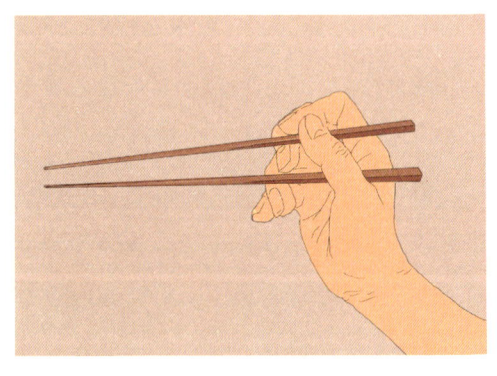

中华礼仪，筷子的使用也有很多讲究。比如：筷子不能插在碗里；在饭桌上和人聊天时，不能用筷子点人；不要越过别人去夹菜；不能舔筷子；给客人或长辈布菜时，要用公筷公勺。

餐桌礼仪是我们日常生活中十分重要的一部分，而使用公筷公勺，既是卫生健康的文明用餐方式，也是促进文明礼仪的一大助力。

使用公筷公勺可以避免共同用餐时个人使用的餐具接触公共食物，可减少病从口入的风险。混用餐具最大的隐患是增加了疾病在人与人之间的传播风险，如感染幽门螺旋杆菌，有可能会引发胃炎、消化性溃疡等。

四、饮酒有德不失态

饮酒文化在中国源远流长,但饮酒时的节制同样重要。敬酒应适量,通常以三杯为限,以示尊重和热情,同时避免过量饮酒导致失态,避免酒后失德,如胡言乱语或行为失控,这些都是对他人的不敬。

 小贴士

勿过度劝酒

通常,饮酒过量导致死亡在多数情况下由饮酒者自己承担自身损失,但以下四种情况除外。

第一种是强迫性劝酒。比如故意灌酒、用语言刺激对方喝酒、不喝就不依不饶等,或者在对方已经喝醉、意识不清没有自制力的情况下,继续劝其喝酒。

第二种是明知对方不能喝酒,仍劝其饮酒。比如明知对方患有不宜饮酒的疾病,或者服用了头孢等禁止饮酒的药物,仍劝其喝酒。

第三种是酒局结束后未妥善安置或护送醉酒者。比如饮酒者已经失去控制能力,酒后神志不清,一同饮酒者没有将其送至医院醒酒或者安全送回家中。

第四种是饮酒者酒后进行驾车、游泳,或者其他危险行为,一同饮酒者不加以劝阻的。

以上情形共同饮酒者应当承担相应的赔偿责任,比如医疗费、误工费等。如果导致被劝酒者死亡的,还应该承担相应的赔偿金、丧葬费或者被抚养人的生活费。

文明礼仪

五、敬酒顺序不宜乱

敬酒是宴席中表达敬意的重要环节，其顺序和方法同样有讲究。主人敬酒应遵循一定的次序，先敬主宾，然后副宾，接着按顺时针方向逐一敬酒。如果宾客未按座次入座，应先敬长者，再依次敬酒。客人回敬时，也应先敬主人，然后按顺序敬酒。在家庭宴会中，敬酒通常按照辈分高低进行，先敬长辈，再敬平辈，最后敬年少者。

 小贴士

饮酒服药需谨慎

服用药物后一般情况下不能饮酒。酒精可能与药物产生相互作用，影响药物的代谢，导致药物中毒或降低药物效果，影响治疗效果。某些情况下可少量饮酒，如非处方药物和酒精相互作用较小，但仍需在医生指导下进行。

第三章　日常生活礼仪

用"光盘行动"守护节日"烟火气"

近年来，随着厉行节约的理念日益深入人心，合理用餐已成为越来越多消费者的行动自觉。同时我们也应当看到，餐饮浪费现象依然存在，特别是节日期间。2020年，全国人大常委会专题调研组关于珍惜粮食、反对浪费情况的调研报告显示，城市餐饮每年食物浪费大致在340亿斤至360亿斤。令人痛心的数字背后，不科学的消费心理和消费方式、精细化管理程度不够、缺乏节俭意识等，则是造成餐饮浪费的主要原因。对这些现实问题，我们必须高度重视，在"光盘行动"中有针对性地加以解决。

消费者无疑是"光盘行动"的主力军。有些人把餐桌上的铺张浪费当作"有面子"，实际上不过是浅薄的虚荣心作祟。在绿色消费已成为新时尚的今天，浪费粮食的做法，只会让自己的"落伍"暴露于大庭广众之下，进而丢更多的"面子"。以"剩宴"为耻，以"光盘"为荣，正在成为全社会的共识。我们要通过积极宣传引导，努力推动这一进程不断加速，让更多消费者参与到"光盘行动"中来，自觉做勤俭节约的践行者。

餐饮服务经营者同样是"光盘行动"的重要力量。《中华人民共和国反食品浪费法》已于2021年正式施行；与此同时，中共中央办公厅、国务院办公厅还印发了《粮食节约行动方案》。2022年，在中央文明办、商务部指导下，中国饭店协会发布倡议书《饭店餐饮企业宴会宴席反餐饮浪费指南十八条》。无论法律条文、政策措施还是行业规范，都为餐饮行业加强经营行为管理、防止食品浪费提供了重要遵循。广大经营者

文明礼仪

应当诚信守法经营，在反对餐饮浪费上积极履行社会责任，包括但不限于主动提示消费者适量点餐、主动提供"小份菜"服务等。对此，政府职能部门要保持有效监管态势，并引导行业协会充分发挥自律作用。

"一粥一饭，当思来之不易。"节日是亲友聚餐的好时机，也是推进"光盘行动"的好时机。用"光盘"守护节日的"烟火气"，让节俭之风融入节日的仪式感，不仅不会削弱节日喜庆祥和的氛围，反而会让节日的精神文明意涵更加厚重。当然，共同营造文明和谐、节约绿色的餐饮消费环境，是一场攻坚战、持久战，既要过好节日，也要立足日常，这需要我们久久为功，不懈努力。

珍惜每一粒粮食，杜绝浪费！

手机电话礼仪

在现代社会，手机和电话已成为我们日常生活的核心组成部分，它不仅是通信的桥梁，更是我们获取信息、进行娱乐的重要工具。

手机电话礼仪是现代社交礼仪的重要组成部分。合理使用手机和电话，不仅能体现个人的文明素养，也能维护公共场合的秩序和安宁。随着科技的发展，手机电话礼仪也在不断地融入我们的日常生活，成为展现个人素质和尊重他人的重要方式。了解并遵守这些礼仪，能够帮助我们在享受科技便利的同时，也能维护和谐的社交环境。

一、使用场合要注意

手机使用应体现社会公德，尊重他人，考虑他人感受。在正式或庄重的场合，如商务洽谈、文艺演出、仪式参与、宴会出席或会议进行时，应避免使用手机，以免干扰他人或破坏现场氛围。若必须通话，应转至安静无人之处；若不得不在公共场合使用，应向周围人致歉，并尽量降低通话音量。

在特定场合，如加油站、医院病房等，应自觉关闭手机或调成静音模式，不接听或拨打电话，保障安全和必要的通信秩序。在人流密集的公共场所，如楼梯、电梯、路口等，使用手机应避免影响他人通行。

文明礼仪

二、手机畅通便联络

手机的主要用途是保持与外界的联络畅通。因此，应随身携带手机，并置于易取之处，以便及时接听来电，减少对方的等待时间。通话时应简洁明了，避免长时间占用手机，影响他人通话需求。

在暂时无法使用手机的情况下，可利用语音信箱留言，说明情况并提供其他联系方式，或通过呼叫转移保持通信的连续性。

三、过度打扰要避免

在拨打语音或视频电话时，选择适当的时间至关重要。除非有紧急事务，应避免在他人用餐或休息的时间进行通话。拨通后，应立即进行自我介绍，并避免开可能令人尴尬的玩笑，如让人猜测身份等。

四、短信内容要文明

使用短信时，应保持语言文明，注意文字的斟酌和标点的正确使用。短信内容应避免不当行为，包括骚扰他人、发送庸俗或不健康信息，以及制造或传播包含反动、封建、违法或敏感问题的内容。

五、手机铃声格调高

个性化铃声虽然能够展示个人特色，但使用时必须考虑场合。在办公室或其他庄严场合，应避免使用可能传递错误信息或引起误解的铃声。铃声的选择应体现文明、健康和高雅的品位，避免使用可能令人尴尬或损害个人形象的铃声。

在公共场所，手机铃声的音量不宜过大，以免干扰他人。特别是在医院、幼儿园、办公室等需要安静的环境中，过大的铃声可能会影响他人工作或休息。

六、手机拍照有分寸

手机拍照的便利性不应成为随意拍摄的理由。在使用手机进行拍照或录像时，应事先征得被拍摄者的同意并尊重其隐私。在车厢、剧院、餐馆等公共场所，避免使用手机或摄像机对路人进行拍摄。

即使在得到拍摄许可的情况下，也不得未经同意将照片转发给其他人或上传至网络进行传播。这不仅是对个人隐私的侵犯，也可能对被拍摄者造成不必要的困扰。

七、微信扫码加好友

随着微信成为现代社交联系的主要工具，过去互递名片、互留电话的社交场面已经很少见了，取而代之的是互加微信。在重要场合，面对面微信扫码添加好友，按照礼仪应该是谁扫谁呢？

按照礼仪长幼有序、主客适宜、相互尊敬的原则，无论谁提出加好友，都应该是：①上级与下级：下级扫上级二维码。②长辈与晚辈：晚辈扫长辈二维码。③女士与男士：男士扫女士二维码。④客人与主人：主人扫客人二维码。

需要注意的是，扫码后一定要填写"添加朋友申请"，特别是初次见面者，一定要提供相关个人信息，如姓名、单位、部门、电话等，以备对方了解和标注。待对方通过后，应及时做好标注，如姓名、单位、职务等，以免时间过长而遗忘。

出行礼仪

在公共生活中，个人行为不仅反映了自身的修养，也是城市乃至国家文明的体现。

当我们步入车站、机场、医院、商店、图书馆、影剧院、博物馆、运动场、公园等公共场所，我们便成了社会公共生活的一部分。在这里，来自不同地方的人们聚集在一起，扮演着行人、乘客、观众、游人、顾客、读者、患者等角色，并临时组成群体。

在公共空间中，我们的行为需要受到法规、道德、习惯和礼仪的共同规范，以确保每个人都能享受到和谐、安定、整洁、有序的公共活动环境。

文 明 礼 仪

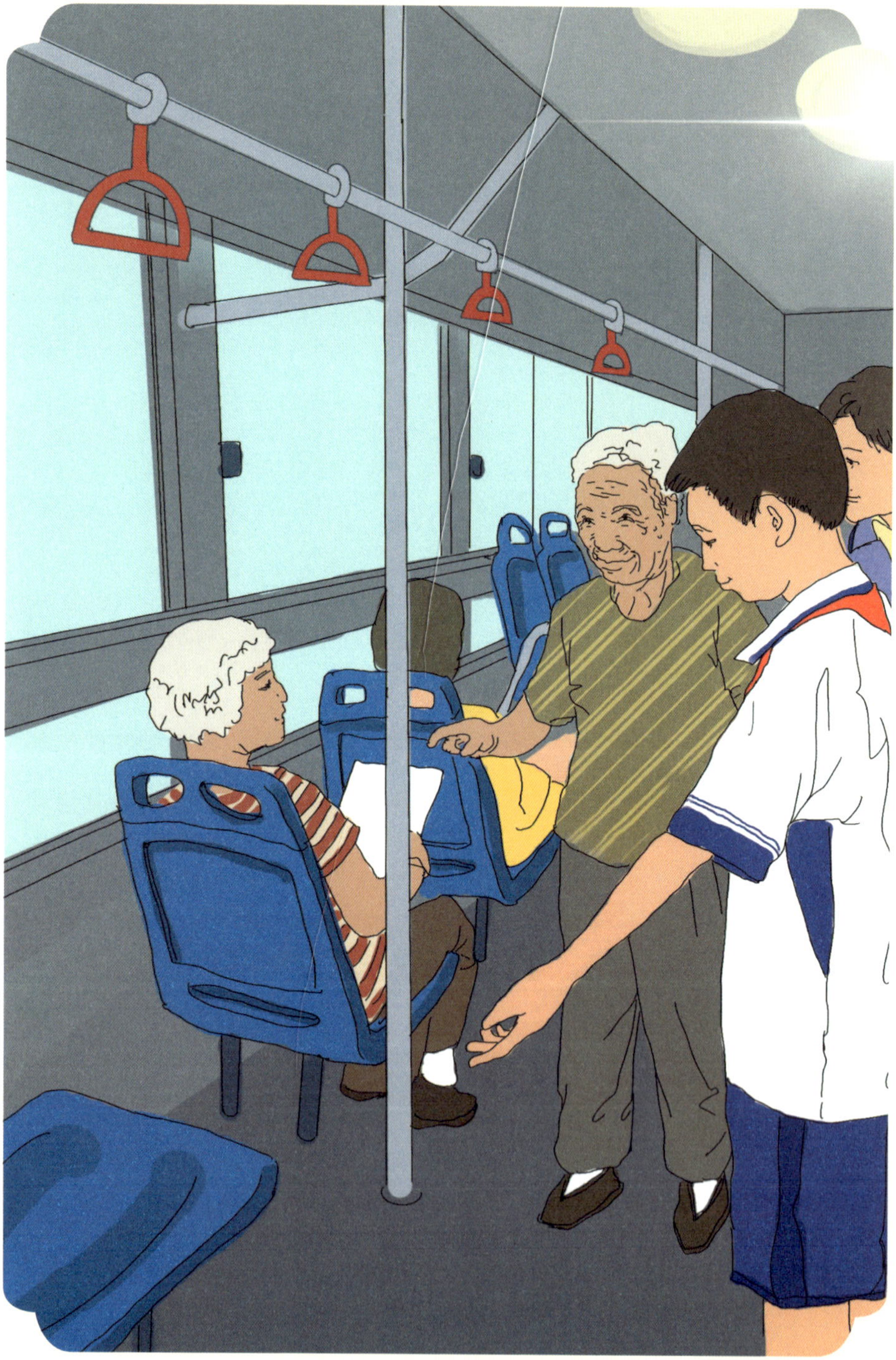

小贴士

电梯礼仪

电梯礼仪是乘坐电梯的"交通规则",体现了乘梯人的道德与修养。

❶ 候梯

等候电梯时,不要站在电梯门的正前方;电梯门开时,要等待电梯内的人出来后再进入,即使有急事,也不应争先恐后。

❷ 进入电梯的次序

上下班时,电梯里人非常多,先进入电梯的人要主动往里走,为后进入者让出位置;后进入电梯的人要视电梯内人员数量而行。当超载铃声响起,最后上来的人要主动下电梯;如果最后上来的人比较年长,年轻人要主动下电梯。

❸ 待客乘梯

伴随客人来到电梯前,先按电梯按钮;电梯门打开时,可一手按开门按钮,另一手按住电梯侧门,请客人先进;进入电梯后,按下客人要去的楼层按钮;行进中有其他人员进入,可主动询问要去的楼层,帮助按下楼层按钮。电梯内尽量侧身面对客人,不用寒暄;到达目的楼层,一手按住开门按钮,另一手做请出的动作,可说:"到了,您先请!"客人走出电梯后,自己也要立刻走出电梯,并热情地引导行进方向。

男士、晚辈与女士、长辈或领导同乘电梯时,前者要主动为后者服务。

❹ 乘梯

刚进入电梯时,尽量站成"凹"字形,留出空间,便于后来者进入,靠近控制板的人要长按开门键。

进入电梯后,应正面朝向电梯口,如电梯内特别拥挤,应与他人保持少许距离。如果在无意中撞到别人,应立即向对方道歉。

电梯内不要大声喧哗。无论公务私事,均不宜在此谈论。电梯内不能吸烟,不能乱丢垃圾。

文明礼仪

一、行路守序与礼让

遵守交通规则，不闯红灯，使用人行道，不侵占非机动车道和机动车道。过马路时，应选择人行横道、地下通道或过街天桥，并遵循交警的指挥。与长辈或受尊重的人同行时，应让他们走在马路的里侧。路遇熟人交谈时，应选择不妨碍他人的地方。行人之间应互相礼让，不抢道，尤其在拥挤的地方，应有序通过。对老、弱、病、残、孕等需要帮助的群体，应主动提供帮助。若不慎碰到他人或踩到别人的脚，应主动道歉；若被他人碰到或踩到，应予以谅解。

走路时避免吃东西，这不仅不卫生，也不雅观。爱护环境卫生，不随地吐痰、不乱扔垃圾。不穿越绿化带，不翻越隔离带。在人群中行走时，保持适当距离，走直线，避免突然停下或在路上嬉笑玩闹。

二、骑车安全要牢记

❶ 骑车时的安全措施

骑行前，确保佩戴合适且牢固的头盔，以保护头部在发生意外时不受伤害。检查所骑车辆的关键部件，如刹车、轮胎和链条，确保它们处于良好的工作状态。

❷ 合适的骑行装备

穿着适合骑行的服装，包括骑行裤和手套，以减少摩擦造成的伤害风险。避免穿着宽松衣物，以防卷入车轮或影响骑行安全。

❸ 遵守交通规则

骑行时，遵守交通信号灯，不闯红灯，不占用机动车道，确保自身和他人的安全。与其他车辆和行人保持安全距离，特别是在视野受限的

区域，以避免发生碰撞。

④ 注意路况与骑行健康

留意路面状况，避开坑洼、湿滑或坡度较大的路段，确保平稳安全的骑行体验。避免骑行疲劳，适时休息并补充水分和能量。

⑤ 社区内的骑行礼仪

在社区或居民区内骑行时，降低车速，人多时下车推行，以免造成不必要的干扰。在指定区域内停放车辆，避免阻碍行人通行或影响交通。

三、行车礼让保安全

在社区内驾驶时，遵守低速行驶的规定，主动礼让行人和骑车者，确保行车安全。

文明礼仪

停车时,应准确入位,避免阻碍交通;避免随意鸣笛,尤其是在行人附近突然鸣笛。

保持车辆整洁,不向车外抛掷杂物或吐痰,维护公共环境卫生。

关车门时力度要适中,特别是在车内有人时,避免用力过猛。

在行驶过程中,驾驶员可根据情况与乘客进行适当的交流,但若对方感觉疲乏,应让其休息。

若为客人叫出租车且无法亲自送其回家,应主动向出租车司机支付费用。

四、乘车先人后自己

当陪同客人、长辈或女士乘车时,应主动帮助他们先上车。为乘客打开车门,并用手护住车门上框,待乘客坐好后再关门。

下车时,主人应先下车,并为乘客打开车门,协助他们安全下车。

乘坐轿车时,避免主动与司机聊天,以免分散司机的注意力,确保行车安全。

上下车时,注意保持优雅的仪态。女士上车时,应背对车内,斜坐入座后再将双腿并拢移入(如穿长裙,应在关上车门前将裙子整理好);下车时,面朝车门,双脚并拢移出,再将头部及上身缓缓移出车外。男士上车时,也应背对车内,斜坐入座后先将一只脚踏入车厢,将身体重心移至车内这条腿后,再踏入另一只脚;下车时,面朝车门,将身体重心移至靠近车门的一只脚,踏出车外,再将整个身体移离车身,最后踏出另一只脚。

五、守序谦让乘公交

候车时,应仔细查看站牌和行车方向,并让出站牌前的位置,方便他人查看。在指定区域排队候车,遵循先下后上的顺序登车。上车后,主动投币或刷卡,并迅速向车厢内移动,避免堵塞车门。下车时,等待车辆停稳后,按顺序快速下车,避免拥堵。

不要使用物品占座,主动为老年人、残障人士、儿童及抱小孩的乘客让座。接受他人让座时,应表示感谢;若不慎碰撞他人,应主动道歉。

站立时,应扶住把手,避免因车辆启动或刹车而碰撞他人。保持适当距离,不要与他人靠得太近或贴在别人身上。维护车厢清洁,不吸烟、不随地吐痰、不乱扔垃圾,不要携带气味较大的物品。

下雨天乘车,上车前应收起雨伞,脱下雨衣,并妥善放置,以免弄湿他人。在车厢内打喷嚏或咳嗽,应用手帕或纸巾捂住口鼻,并将头转向无人的方向。

患有感冒、发烧或其他传染性疾病时,应尽量避免使用公共交通工具。如确需乘坐,务必佩戴口罩,减少疾病传播风险。

六、安静有序乘火车

出行前应提前购买车票,持票上车。若未能及时购票,可购买站台票上车并尽快补票。在候车厅内,配合工作人员进行安全检查,不携带危险品和违禁品。爱护候车厅公共设施,保持安静,不抢占或多占座位,维护候车环境的清洁和卫生。

文明礼仪

　　检票时自觉排队，不要拥挤，不要插队。在站台上，站在安全线后等待火车停稳，然后按指定车厢有序上车。

　　上车后对号入座，不抢占他人座位，将行李妥善放置在行李架上。车厢内保持安静，避免大声喧哗或进行可能影响他人的娱乐活动。遵守禁烟规定，不随地吐痰，不乱扔垃圾，维护车厢卫生。交谈时控制音量，尊重他人隐私，避免脱鞋或将脚搭在对面座位上。控制饮食，避免食用气味浓烈的食物，以减少对其他乘客的影响。合理使用卫生间和盥洗池，避免长时间占用。

　　到站前提前整理好个人物品，以免匆忙中遗忘。下车时自觉排队，保持秩序，不要拥挤。

 **小贴士**

车厢内吸烟　严重者追究刑责

根据《中华人民共和国铁路法》和《铁路安全管理条例》的有关规定，车内吸烟（含电子烟）、抢占座位、扰乱列车秩序等行为将会被处以罚款、治安拘留等处罚，严重者会被追究刑事责任。

"静音车厢"是在涵养文明意识

据中国国家铁路集团有限公司官方微信消息，自 2024 年 1 月 20 日起，铁路部门提供"静音车厢"服务的动车组列车新增 35 列，拓展至 72 列动车组列车，以便更好地满足广大旅客对美好出行的需求。

为营造文明有序、温馨舒适的旅行环境，自 2020 年 12 月起，铁路部门开始在京沪、成渝、郑渝高铁试点"静音车厢"服务，深受广大旅客青睐。如今"静音车厢"增多，不仅能够更充分地满足人们对高品质出行的需求，而且有利于推动公共文明的实现。

近年来，在高铁上"与噪音斗"的相关话题频频引发人们的关注和热议，如短视频音乐大声外放，孩子哭闹、大声喧哗，有些旅客毫无顾忌地大声接电话等。噪音制造者觉得没什么大不了的，其他旅客却在不断让渡享受安静旅途的权利。

为化解类似矛盾和纠纷，保障更多旅客的出行权益和诉求，铁路部门开始尝试在高铁上设置"静音车厢"，车厢内语音播报音量降低，且

文明礼仪

提供眼罩、耳机等物品,这相当于在一定空间内做到了"各自安好、互不打扰"。长远看,要保障"静音车厢"正常运行,还有赖于铁路部门坚持文明乘车的倡导,乘客主动涵养自觉意识等。

事实上,大声喧哗吵闹、手机铃声和音视频外放声音大等不文明行为,无论在哪节车厢都应该受到规制。车厢是一个流动的社会,要在这个封闭空间内建设理想的场所,需要循序渐进,持之以恒。从某种角度上来说,"静音车厢"更是在倡导一种自觉追求文明的意识,它应该成为一个社会的文明缩影,让人们经过实践,从中逐步学会、适应和习惯在私域之外应该遵守的规则,从而涵养文明意识,遵循文明规范,以此推动社会观念进步,促进人际间和谐共处。

在全社会涵养文明共识,需要一个又一个行动来推动。从"中国式过马路"到"车让人,人守规"成为社会共识,让自觉排队成为默认选择,文明在一点点增多。"静音车厢"或许不能一蹴而就,但凡事贵在坚持,从"静音车厢"开始,从春节出行开始,经过一次次探索和坚持,文明一定会成为越来越多的人心目中不容动摇的行为准则。

七、乘坐飞机守规则

严禁携带违禁物品如枪支、弹药、刀具,以及危险品如易燃、易爆、剧毒物品登机。认真配合机场的安全检查,确保飞行安全。按时登机,建议提前一个半小时以上到达机场,以便完成行李托运、安检等程序。

遵守秩序,排队上下飞机,确保登机过程有序。登机后,对号入座,并迅速安置好随身行李,保持通道畅通。

入座后,认真阅读座位前的安全须知,了解并遵守乘机安全规定。在飞机起飞或降落时,自觉系好安全带,调整电子设备至飞行模式,收好小桌板,避免站立或走动。

认真倾听乘务员或视频录像介绍的救生设备使用方法和紧急疏散知识,做好紧急情况的准备。

飞机上禁止吸烟,遵守法律规定。平飞后,可进行聊天或娱乐活动,但需控制音量,不影响他人休息。阅览报纸期刊后,放回座椅靠背收纳袋,维护机舱整洁。夜间休息时,使用耳机听音乐,保持舱内安静。注意个人坐姿和躺姿。

保持飞机内清洁卫生,垃圾放入规定位置,呕吐时使用专用清洁袋。使用洗手间时,注意敲门、冲水,并妥善处理垃圾。

机上餐食按乘客人数配备,如需加餐,可在餐食发放完毕后申请。

就餐时，主动调整座椅靠背；就餐后，配合乘务员收拾餐盘。尊重乘务员和机场工作人员，感谢他们提供的服务。

飞机降落停稳前，不要急于提拿行李或站在过道中，待飞机停稳后再起身。

 **小贴士**

出门必备小常识

❶ 聊天要避免话题过于深入。和陌生人聊天时，注意不要谈及过于私人的话题。同时，不要轻易相信陌生人说的话，谨慎对待陌生人的建议或邀约。

❷ 去陌生的地方要谨慎。不熟悉的地方尽量结伴前往，即使有人引路也要保持警惕。夜间出行要选择热闹的街道，夜跑要选择人多的公园或运动场。

❸ 避免与问题人物纠缠。遇到无礼、嚣张、粗鲁或醉酒的人，应保持冷静，尽量避免与他们发生冲突。

❹ 远离有暴力倾向的人。看到有暴力行为、喝醉酒的人，立即远离，提高自我保护意识。

❺ 外出时看顾好行李物品。尽量将包反背在身前，这样可以减少被盗的风险。

❻ 打车要选择正规出租车。出行前可以将出租车的车牌号发送给亲友，增强安全防范意识。

❼ 入住酒店要注意安全细节。入住酒店后，首先要检查床底和房间角落，确认酒店内是否藏有摄像头，上好门锁并使用保险栓。选择正规酒店或连锁酒店也能提高安全系数。

❽ 保护个人信息。不要随便扫描来路不明的二维码或填写个人信息参与活动。

❾ 不轻易出借重要物品。手机、身份证等重要物品，不要轻易借给他人。

❿ 在遇到困难时，向可信赖的人或机构求助。

⓫ 指路不带路。有人问路时，可以告知方向但不要亲自带路。

第四章

传统节日礼仪

要加强对中华优秀传统文化的挖掘和阐发，使中华民族最基本的文化基因与当代文化相适应、与现代社会相协调，把跨越时空、超越国界、富有永恒魅力、具有当代价值的文化精神弘扬起来。

——2016年5月17日习近平在哲学社会科学工作座谈会上的讲话

春节

春节,作为农历新年的开始,是一年中最隆重的时刻。古时候被称为"元日"或"岁首",如今人们更愿意称之为"新年"或"大年"。春节期间,中国的汉族和很多少数民族都要举行各种活动以示庆祝。春节的历史源远流长,其根源可追溯至上古时代岁首祈岁祭祀,自殷商时期起,春节的雏形便已显现。

一、春节前夕的扫尘:除旧迎新的仪式

春节,作为中华民族最盛大的传统节日,不仅象征着岁月的更迭,更是万象更新的开始。在这个充满希望的时刻,家家户户都会进行一项重要的准备工作——扫尘,以此来迎接新年的到来。

扫尘,又称"扫房",是春节前夕的一项传统习俗。它不仅仅是一种清洁活动,更是一种具有深厚文化意义的仪式。在汉语中,"尘"与"陈"谐音,因此扫尘也寓意着扫除旧年的晦气和不快,迎接新年的吉祥和幸福。

在春节来临之前,家庭成员会一起动手,清扫房屋的每一个角落,清洗家具和器皿,甚至还会粉刷墙壁,以确保家中焕然一新。这个过程中,每个人都要参与,体现了家庭成员之间的团结和协作。扫尘活动通

第四章　传统节日礼仪

常从腊月二十三或二十四的小年开始直至除夕，这段时间里，家中充满了忙碌而温馨的气氛。

除了家庭环境的清洁，个人卫生也需要特别重视。在一些地区，人们相信新年洗脚可以带来好运，因此有洗脚的习俗。此外，民间流传的谚语如"剃头常洗澡，身体自然好"和"剃头洗脚，赛过良药"，不仅强调了个人卫生的重要性，也寄托了人们对健康和幸福的祈愿。

扫尘的过程，不仅是对居住环境的一次彻底清理，更是一种对新年新生活的期待和祝福。每一块擦亮的玻璃，每一件洗净的家具，都承载着人们对美好生活的向往和对未来的憧憬。在这个过程中，人们不仅清理了实际的尘埃，也在心灵上进行了一次净化和更新。

二、贴"福"字、贴春联——春节的文化符号

在春节的丰富传统习俗中，贴"福"字和春联是最具标志性的习俗之一。这不仅仅是一种装饰，更是一种深植于中国文化中的祈福活动，承载着人们对新年吉祥、幸福的向往。

"福"字，作为中国传统文化中的一个核心符号，其由来已久，最早可追溯至汉代，原称为"德"，寓意美好与吉祥。随着时间的推移，"福"字逐渐演变为特指好运与福气，成为春节期间不可或缺的文化元素。在春节期间，人们会在家中的门窗或墙壁上贴上各式各样的"福"字，以此表达对美好生活的追求和对未来的祝愿。

有趣的是，许多人会选择将"福"字倒贴，这一习俗源自一个巧妙的谐音游戏——"福倒"与"福到"发音相似，寓意着幸福已经到来，福气已经降临家中。此外，民间艺术家们还会将"福"字以绘画的形式，融入寿星、寿桃、鲤鱼跳龙门等吉祥图案，使之成为一件件富有创意和

寓意的艺术品。

与贴"福"字相辅相成的，是贴春联的习俗。春联，通常由两句对仗工整、韵律和谐的诗句组成，贴在门的两侧，上方还有横批。这些诗句往往富有智慧和哲理，表达了人们对新年的美好愿景和对生活的深刻感悟。春联的内容丰富多彩，从祈求健康、富贵到祝愿国泰民安，无所不包。

在春节前夕，无论是繁华的城市还是宁静的乡村，随处都可见人们精心挑选、书写春联的身影。书法爱好者们挥毫泼墨，将新春的祝福凝于笔端，传递给每一个家庭。春联的红色象征着喜庆和吉祥，与春节的热闹氛围相得益彰，为节日增添了浓厚的文化气息。

随着时代的发展，虽然印刷的春联和"福"字因其便捷性而越来越普及，但手写春联的传统依然被许多人所珍视。手写春联不仅是一种文化的传承，更是一种情感的寄托，一笔一画间，蕴含着对家人的深情和对新年的热切期盼。

春节的"福"字和春联，是中国人对美好生活的不懈追求和对传统文化的坚守。它们不仅为节日增添了喜庆气氛，更在无声中传递着家的温暖和新年的希望。

文明礼仪

三、燃放烟花爆竹——春节的璀璨庆典

春节,作为中国最重要的传统节日,其庆祝活动丰富多彩,而燃放烟花爆竹无疑是其中最为壮观和激动人心的一环。这一习俗不仅为节日增添了喜庆气氛,更在夜空中绘就了一幅幅绚烂的画卷,象征着光明与希望。

烟花爆竹的历史源远流长,最早可追溯至古代的祭祀活动。古人认为,燃放爆竹能够驱邪避祟,保佑平安。随着时间的推移,这一习俗逐渐演变成春节庆典中不可或缺的一部分,成为人们表达喜悦和祝福的方式。

在春节的夜空下,无论是城市还是乡村,烟花爆竹的响声此起彼伏,五彩斑斓的烟花在空中绽放,照亮了夜空,也照亮了人们的脸庞。这些烟花,以其绚丽的色彩和形态各异的造型,吸引着人们的目光,成为新年庆祝活动中的一大亮点。

孩子们手持烟花棒,在空中挥舞,划出一道道亮丽的轨迹;成年人则点燃爆竹,那清脆的响声在空气中回荡,传递着新年的喜庆和活力。烟花爆竹的燃放,不仅为春节增添了浓厚的节日气氛,更在人们心中留下了美好的记忆。

然而，随着社会的发展和环保意识的提高，人们开始更加注重烟花爆竹燃放的安全和环保问题。许多地方采取了限制燃放或使用环保型烟花爆竹的措施，以减少对环境的影响。同时，现代科技的发展也为烟花爆竹的燃放带来了新的变化，如电子烟花等新型产品的出现，既满足了人们对节日气氛的需求，又减少了对环境的污染。

尽管如此，在春节期间燃放烟花爆竹仍然是人们心中难以割舍的情感寄托。这不仅仅是一种庆祝方式，更是一种文化传承，承载着人们对新年的美好祝愿和对未来的热切期盼。每当烟花绽放、爆竹声响起，人们都会情不自禁地为新年的到来欢呼雀跃，共同祈愿新的一年平安、吉祥、幸福。

四、春节的服饰：喜庆色彩的传递

春节，作为中国最重要的传统节日，不仅是岁月更替的标记，更是文化传承的纽带。在这一盛大节日中，人们的服饰装扮成了传递喜悦和祝福的重要方式。

在春节期间，人们倾向于选择暖色调或亮色调的服装，如红色、橙色和粉色等。春节的服饰不仅仅是外在的装饰，它更承载着一种文化的精神和情感的寄托。在这个节日里，每个人都希望通过自己的穿着来传递出一种积极向上、充满希望的生活态度。无论是参加家庭聚会还是走亲访友的场合，得体而大方的着装既是对他人的尊重，也是对节日氛围的一种营造。

红色在中国有着特殊的意义，它不仅代表着好运和幸福，还与生命力和能量紧密相连。在春节这个充满生机的时刻，红色成了最应景的颜色。家庭中的长辈们会穿着红色的唐装或旗袍，展现出庄重和喜庆；年轻人则可能选择红色的毛衣或围巾,以展现他们的青春活力。

此外,春节服饰的选择也体现了人们对细节的重视。精美的刺绣、传统的图案和现代的设计元素相结合,使得每一件服饰都成了一件艺术品。这些服饰不仅美观,还蕴含着深厚的文化意义,如龙、凤、鱼等图案,都寓意着吉祥和富贵。

在现代社会,尽管时尚潮流不断变化,但春节的传统服饰依然为人们所珍视。它们不仅是对传统文化的尊重,更是一种文化自信的体现。人们在节日的喜庆氛围中,通过服饰来表达自己的身份和个性,同时也在这一过程中,更加深刻地体会到中华文化的博大精深和独特魅力。

五、作揖拜年:传统礼仪的现代传承

春节,作为中国最重要的传统节日,不仅是家庭团聚的时刻,也是传统文化得以展现和传承的绝佳机会。在众多的春节习俗中,"作揖拜年"以其独特的文化魅力和深厚的历史底蕴,成为人们表达尊敬和祝福的重要方式。

"作揖"是一种传统的中国礼仪动作,起源于古代的礼节,其含义深远,形式优雅。在春节期间,人们通过作揖来表达对长辈的尊敬和对亲朋好友的祝福。这一动作不仅仅是一种形式,更是一种情感的交流和文化的传递。

在春节期间,无论是在家庭内部,还是在亲朋好友之间,作揖拜年都是一项不可或缺的活动。它不仅加深了人们之间的情感联系,也让人们在互动中体验到了传统文化的魅力。随着时代的发展,虽然一些传统的拜年方式已经逐渐被现代化的通信方式取代,但作揖拜年这一传统礼仪仍然为人们所珍视,并在现代社会中得到了新的诠释和传承。

在现代社会，作揖拜年不仅是对传统文化的尊重，更是一种文化自信的体现。它让人们在快节奏的生活中，不忘传统文化的根和魂，同时也让人们在节日的喜庆氛围中，感受到一种来自历史深处的温暖和力量。

春节拜年新方式

随着年代的变迁，春节的拜年方式也在悄悄地改变着。传统的贴春联、放鞭炮、吃年夜饭等方式，虽然依旧被广泛应用，但又有哪些新的方式在逐渐流行呢？

❶ 网络拜年

如今，社交网络上已经充斥着各种各样的拜年祝福，一则简单的动态、短视频或图片，就可以传达你的问候和祝福，立即收到、回复，信息的时效性大大提高。在一些无法与亲友相聚的情况下，网络拜年也是不错的选择。

❷ 视频拜年

现在，我们可以轻松地通过视频通话跟远在外地的亲友聊天，或者举办一个视频年会，分享年终成果、感受。正是这些互联网技术，使得人们可以方便、快捷地在家里进行视频拜年。

❸ 发红包拜年

作为一种现代的方式，微信红包已经被广泛应用于春节期间的拜年活动中。

❹ 现场拜年

尽管现代通信方式便捷，但仍有一部分人坚持选择传统的现场拜年方式。他们会在春节期间亲自前往亲戚朋友家中，或回到祖辈的故乡，进行面对面的祝福与团聚。这种方式虽然需要更多的时间和精力，但无疑能加深亲情，让拜年更加真实和有意义。

❺ 书信拜年

虽然书信在日常生活中已逐渐失去了其原有的实用性，但书写一封精美的贺年信，却可以表达真挚的祝福和情感。不仅如此，有的人还会选择制作年历、贺卡等礼品，作为赠予亲朋好友的佳品。

总之，春节的拜年方式多种多样，而每种方式都有其独特的特色，凝聚着一份份真挚的祝福和希望。不论是怎样的方式，都能够表达对亲友的关怀和祝福，体现出人与人之间的情谊和温暖。

六、春节待客之道：敬茶礼节的传统韵味

在中国春节，这个举国欢庆的时节，家家户户都沉浸在节日的喜悦与忙碌中。除了各式各样的庆祝活动，春节期间的待客之道也是一项不可或缺的文化传统。其中，敬茶礼节以其独特的文化意蕴和礼仪规范，展现了中华民族深厚的文化底蕴和尊重长辈的传统美德。

敬茶，不仅仅是一种简单的待客行为，它还是一种深植于中国传统文化中的礼节，体现了主人对客人的尊重和敬意。在春节期间，拜访亲友或聚会等日常活动是不可或缺的，而在广东等地，用茶来招待客人更是一种重要的社交方式。

在确定喝茶活动的座位时，主人需要根据客人的地位、身份、年龄等因素来安排客人的位置。敬茶要先长后幼，先生客再熟客，这一顺序不仅体现了对年长者的尊重，也彰显了对新朋友的欢迎。

泡好茶后，主人需要进行分茶和请茶。当为客人端上茶水时，主人

应当稍作弯腰表示尊重,而客人也应当用双手接过茶杯,并向主人表示感谢。这一过程中的每一个动作,都充满了敬意和感激之情。当长辈向客人端茶时,客人应当增加鞠躬的深度,以此表示对长辈的敬意。这种互动不仅加深了宾主之间的情感联系,也体现了中华民族尊老敬老的传统美德。

在品茶过程中,要避免将杯子直接放在桌面上,这样会导致茶水溅出而弄脏桌面。另外,如果茶叶不慎落入客人的杯子里,主人需及时更换茶水,以确保不会因茶叶让客人的品茶体验产生不良影响。这些细节虽小,却体现了主人的细心和周到。

春节的敬茶礼节,是中华民族礼仪文化的重要组成部分。它不仅让我们在节日的喜庆氛围中体验到一种温馨和谐的感觉,更让我们在这一过程中深刻地体会到了中华文化的博大精深和独特魅力。

持续推进正风肃纪,严防"节日腐败"

2022年12月,中共中央办公厅、国务院办公厅印发了《关于做好2022年元旦春节期间有关工作的通知》,通知专门提到元旦、春节期间,持续推进正风肃纪,严防"节日腐败"。要严查快处违规吃喝、违规收送礼品礼金、违规使用公车、公款旅游等问题,严肃惩治违规发放津贴补贴或者福利。这份通知还专门点到以下三种行为:快递送礼、收送电子红包、"不吃公款吃老板"。通知对它们的定性是"隐形变异行为",提出的要求是"注意纠治"。

文明礼仪

粤风尚

红包讲心不讲金

红包讲心不讲金,是广东人包红包的指导思想。春节红包内装1元、2元、5元、10元,最多20元,所以广东红包很解压;春节时,长辈口袋都会提早备有一叠红包,只要是小孩子(含未婚者)给长辈拜年都有红包拿。

低调务实的广东人想在全国推广这种规矩。他们认为真正的富有不仅体现在经济上,更体现在精神层面;不要让年关过成了名副其实的"年关"。

岭南的红包文化,看似小事,实则体现了一种社会风气和文化底蕴。在这里,高调地派大额红包、随礼过分都不被看好,因为这与他们向来注重实际、低调,追求简约简单的生活宗旨背道而驰。

这种小红包之文化特色,让广东成为全国的一股清流,无论是过年还是其他传统节日,广东人都用自己独特的方式诠释着中华优秀传统文化"大道至简、君子之交淡如水"之一应要义。

元宵节

元宵节，这个拥有两千多年悠久历史的中国传统节日，其起源可追溯至西汉时代。其独特的赏灯习俗则始于东汉明帝时期，随着时间的推移，正月十五的灯会与上元夜放灯的习俗逐渐定型并深入人心。节日里，人们沉浸于放鞭炮、赏花灯、耍龙灯等多姿多彩的庆祝活动中，其中，尤为引人注目的当数那些巧夺天工、五光十色的花灯，它们不仅点亮了夜空，更成为节日庆典中最具吸引力的活动项目。

小贴士

中国古代"情人节"

中国古代的"情人节"，其实是指正月十五元宵节。欧阳修有诗云："月上柳梢头，人约黄昏后。"

元宵节是一个浪漫的节日，在封建传统社会中，元宵灯会给未婚男女的相识提供了机会。传统社会的年轻女孩不允许外出自由活动，但是过节却可以结伴出来游玩，元宵节赏花灯正好是一个交谊的机会，未婚男女借着赏花灯也顺便可以为自己物色对象。由此可见，元宵节为古代男女创造了一场灯火辉煌的约会盛宴。

文明礼仪

一、元宵节的花灯巡游：光影中的文化盛宴

元宵节，作为紧随春节之后的第一个重要节日，不仅承载着人们对新年美好愿景的延续，还深深寄托着人们对传统文化的热爱与尊重。在这个洋溢着喜悦与希望的节日里，逛灯会与猜灯谜无疑是最为标志性的庆祝活动。

元宵节是中国的传统节日，不仅盛行于海峡两岸，在海外华人聚居区也备受重视。元宵节的花灯巡游是一场视觉和文化的盛宴。花灯，以其精美的工艺和丰富的内涵，不仅照亮了节日的夜晚，也点亮了人们心中的温暖和喜悦。从古代的纸灯笼到现代的电子花灯，花灯的形式在不断创新，但其传递的吉祥寓意和节日氛围始终未变。

逛花灯活动通常在正月十五的夜晚举行，大街小巷张灯结彩，各式各样的花灯争奇斗艳。有的花灯以传统的十二生肖为造型,有的则以民间故事或神话传说中的人物为蓝本,每一盏花灯都是一个故事,每一束光芒都承载着祝福。

在花灯的映照下,人们纷纷走出家门,携家带口,享受这一年一度的节日盛事。孩子们手持小灯笼,兴高采烈地在人群中穿梭,成年人则驻足观赏,不时发出赞叹。花灯巡游不仅是一场视觉的享受,更是一次心灵的交流。在灯光的照耀下,人们的笑容更加灿烂,节日的气氛更加浓厚。

除了观赏花灯,猜灯谜也是元宵节不可或缺的一部分。灯谜,通常以诗句或成语的形式出现,既有趣味性,又具有挑战性。人们在花灯下驻足思考,或与家人朋友讨论谜底,猜中者不仅能获得小奖品,更能感受到传统文化的魅力和智慧。

元宵节的花灯巡游和猜灯谜活动,既是对中华传统文化的传承与弘扬,也为人们的现代生活增添了浓厚的文化意趣。在这个节日里,无论老少,都能在光影交错中找到属于自己的乐趣,感受到节日的温馨和喜悦。

二、元宵佳节的甜蜜滋味:品尝元宵与汤圆

在中国传统的元宵佳节,除了五彩斑斓的花灯和充满智慧的灯谜,最让人期待的莫过于那一碗碗热腾腾、甜滋滋的元宵和汤圆。这些圆润可爱的美食不仅满足了人们对美味的追求,更承载着中华民族对团圆和美满的祈愿。

元宵和汤圆,虽然在外形上相似,却有着不同的制作方法和地域特色。北方的元宵以"滚"的方式制成,将切好的馅料在糯米粉中反复滚

动，直至形成一层均匀的外衣。而南方的汤圆则是通过"包"的方式，将糯米团捏成小碗状，包裹住馅料后封口搓圆。这两种不同的制作方法，展现了南北饮食制作技艺的精妙。

元宵的馅料多种多样，传统的有芝麻、豆沙、果仁等，现代的创新口味更是层出不穷，如巧克力、抹茶、水果等。汤圆的馅料同样丰富，除了传统的甜馅，还有咸味的肉馅等。无论是元宵还是汤圆，那一口咬下去，馅料四溢的感觉，总能给人带来满满的幸福感。

在元宵节这一天，家家户户都会亲手制作或购买元宵和汤圆，作为节日的主食。一家人围坐在一起，共享这甜蜜的美食，不仅增进了亲情，也寄托了对未来生活的美好祝愿。在一些地区，人们还会在汤圆中包入一枚硬币或红枣，谁吃到了就预示着新的一年里会有好运气。

除了传统的元宵和汤圆，各地还有许多别具一格的元宵节食品。例如江南地区的"酒酿小圆子"，将汤圆与甜酒一同煮制，别有一番风味。广东地区的居民则偏爱在元宵节食用生菜，因为"生菜"与"生财"谐音，寓意着新年财运亨通。

元宵节的这些美食，不仅仅是味蕾上的享受，更是一种文化的传承。它们让我们在品尝的过程中，感受到传统节日的氛围，体会到中华文化的深厚底蕴。

第四章 传统节日礼仪

 小贴士

新花样　庆元宵

正月是农历的元月,"元"是一元复始,即开始的意思,又因古人称夜为"宵",所以称正月十五为元宵节。元宵节是中华文明古老的民俗节日,也是一年中最热闹的节日之一。

除挂灯、观灯、赏灯、闹灯外,还有舞龙灯、放烟花、舞狮子、踩高跷、划旱船、扭秧歌、猜灯谜等民俗活动,有着丰富多彩的过节方式。

灯会,成为各地元宵节活动中的亮点。元宵节虽然是传统节日,但人们不断地为它增加新花样,以新的形式庆祝佳节到来。其中,无人机表演成为近年来最受瞩目的庆祝形式之一。以广州为例,地标建筑"小蛮腰"每年都会将灯会与无人机表演完美融合,打造出震撼人心的视觉盛宴。

文明礼仪

清明节

清明节，在中国传统文化中占据着举足轻重的地位，它融合了历史、自然和人文等多元文化元素。起源于上巳节与寒食节的清明节，不仅继承了"三月三"的古老传统——包括在水边举行的祭祀活动和到野外踏青嬉戏的习俗，还承载着对逝者的深切怀念。清明节的春游活动，实则是对上巳节传统的一种延续。受汉族文化影响，中国少数民族也都有过清明节的习俗，虽然各地习俗不尽相同，但扫墓祭祖、踏青郊游是清明节的基本主题。值得注意的是，农历三月三日并未直接对应二十四节气中的"立春"，清明节通常落在春分之后，标志着春天的深入。人们在此时以农耕文化为背景，进行春耕祭祀，以此表达对自然的崇敬和对未来丰收的祈愿。

一、扫墓祭祖：清明节的追思与纪念

扫墓祭祖，是清明节最为重要的礼仪之一。这一习俗源远流长，体现了中华民族慎终追远、不忘本的优良传统。在清明节期间，无论身处何方，人们都会设法回到故乡，来到先人的墓地，进行庄重的祭扫活动。

扫墓活动通常包括两个部分：一是整修坟墓，二是烧纸钱、供奉祭品。整修坟墓是对先人的一种尊重，通过清除杂草、培添新土，使墓地

第四章 传统节日礼仪

文明礼仪

保持整洁，表达对先人的孝敬和关怀。同时，这也与古人的信仰有关，他们认为祖先的坟墓与子孙后代的兴衰福祸有着密切的联系。

供奉祭品则是对先人的一种缅怀，祭品通常包括食品、酒水等，品种因地域而异，但都是当地人认为美味且符合时令的特色食品。这些祭品不仅表达了对先人的崇敬和哀思，也体现了"香火不断"、后继有人与"事死如事生"的孝道精神。

在扫墓过程中，人们还会烧纸钱，这一习俗源于古人对阴间世界的想象。他们认为烧纸钱可以供先人在阴间使用，以示对先人的关照。此外，祭拜时的叩头行礼，也是对先人的一种敬意，体现了中华民族尊老敬老的传统美德。

清明节的扫墓祭祖，不仅是对先人的纪念，更是一种文化的传承。在这个节日里，人们通过祭扫活动，回顾家族的历史，感悟生命的意义，同时也教育后人要铭记先人的恩德，继承和发扬中华民族的优秀传统文化。

清明祭扫新风尚

现在，越来越多的人通过环保、文明、绿色的祭奠方式寄托哀思、缅怀亲人。

❶ 鲜花祭祀。为逝去的亲人献上一束鲜花，用鲜花代替锡箔。一般来说，选择白菊花、白百合、马蹄莲等用于扫墓是比较合适的，此外，黄菊花的使用也很普遍。

❷ 家庭悼念。在亲人的遗像前供奉一炷清香、捧上一杯清酒，一家人围聚在一起鞠躬、默哀追忆。节俭祭祀正是对先人良好家风、美德的传承。

❸ 影像追思。将已故亲人生前的照片、录像资料制作成光盘,组织家人和亲朋好友一起观看,逝者家属选一代表宣读祭文,叙述亲人的一些往事,用这种独特的方式纪念亲人。

❹ 时空信箱寄托哀思。"时空信箱"是通过信件寄托哀思,将想念投入"信箱"传递给逝去的亲友。"时空信箱"呼吁人们通过全新的方式表达对故人的思念。

二、踏青:清明时节的自然之约

在清明时节,大地回春,万物复苏,自然界呈现出一派生机勃勃的景象。人们在扫墓祭祖之余,也会选择外出踏青,享受春天的温暖和大自然的美好。这一习俗,古时称为探春或寻春,意为春日郊游,也称踏春,它源于远古农耕祭祀的迎春习俗,对后世影响深远。

踏青活动不仅限于简单的散步,还包括了野餐、放风筝、观赏春花等一系列与春天相关的活动。人们在山野间、河畔旁、花丛中,尽情享受春天的气息,感受生命的活力。这一过程中,人们不仅放松了身心,也加深了对自然美的感悟和对生活的热爱。

清明踏青,更是中华民族文化中的一种重要表现形式。它不仅是一种节令性的民俗活动,更是一种文化的传承。在这一天,无论男女老少,都会走出家门,参与到踏青的活动中来。这不仅增进了家庭成员之间的亲情,也促进了邻里之间的和谐。

踏青习俗的流传,也与清明节的节气特点密切相关。清明时节,春回大地,正是郊游的大好时光。人们因利乘便,扫墓之余一家老少在山乡野间游乐一番,这种习俗的形成,为人们提供了一个亲近自然、享受春天的机会。

三、放风筝：风筝飞舞的清明时光

风筝，古称"纸鸢"或"鸢儿"，是一种利用空气动力升空的简单飞行器。它的制作材料通常是竹篾和纸或绢，通过一根长线牵引，乘风而上，翱翔于蓝天白云之间。放风筝的习俗，据说起源于春秋时期，至今已有两千多年的历史。

在清明节期间，无论是城市公园还是乡村田野，都可以看到人们放风筝的欢快身影。孩子们手牵长线，仰望天空中飘扬的风筝，脸上洋溢着纯真的笑容；成年人则在放风筝的过程中，重温童年的乐趣，释放生活的压力。

放风筝的活动，不仅是一种休闲娱乐，更有着独特的文化意义。在古代，人们相信放风筝能够放走疾病和不幸，带来健康和好运。特别是在清明节，人们剪断风筝线，让风筝随风飘向远方，象征着把一切不吉利的东西带走，祈愿新的一年平安吉祥。

此外，放风筝也是一种社交活动。在古代文人雅士中，放风筝常常伴随着赋诗作画,是一种展示才华和交流思想的方式。而在现代,放风筝则成为家庭亲子活动的一部分,增进了家庭成员之间的情感交流。

四、插柳:清明柳枝的诗意传承

插柳,即在清明节期间将柳枝插于门楣、屋檐或头上,这一习俗在中国有着悠久的历史。柳树因其生命力旺盛、发芽早、凋零晚的特性,在春天里尤为引人注目。人们在踏青时顺手折下几枝嫩绿的柳条,或拿在手中把玩,或编成帽子戴在头上,或带回家中装饰,以此表达对春天的喜爱和对生命的敬畏。

插柳习俗的起源有多种说法,其中一种是为了纪念神农氏,他被认为是农业和医药的始祖,插柳是对神农精神的传承。另一种说法则与驱鬼辟邪有关,柳枝被认为具有驱邪的作用,尤其是在被称为"鬼节"的清明时节,插柳可以保佑家人平安。还有一种说法是为了纪念介子推,他因守节而焚身于柳树下,后来柳树死而复生,成为清明的象征。

在清明节插柳,不仅是一种对先贤的纪念,更是一种对自然规律的顺应。柳树的柔韧和生命力象征着生命的顽强和希望的萌发。插柳活动,让人们在缅怀先人的同时,也能感受到春天的生机与活力。

随着时代的发展,插柳习俗也在不断地被赋予新的内涵。在现代社会,插柳不再局限于传统的清明节,而是成为一种倡导环保、强调生态平衡的生活方式。人们通过插柳活动,增强了对自然环境的保护意识,也表达了对和谐共生理念的追求。

文明礼仪

小贴士

一年春草绿，正值清明时

清明节是中华民族古老的节日，它既是节气，又是节日；既是踏青良辰，又是祭祀伤感时。此一时节，万物吐故纳新，大地呈现春和景明之象。在清明节扫墓祭祀、缅怀祖先，是中华民族自古以来的优良传统，这不仅有利于弘扬亲情孝道、唤醒家国共同记忆，还可增强家族乃至民族的凝聚力和认同感。

2006年，经国务院批准，清明节被列入第一批国家级非物质文化遗产代表性项目名录。

数千年来，清明节这个古老而传统的节日，不仅与哀思联系在一起，还被寄予了春天的活力与希望——有人在细雨落花中到墓地缅怀故人；有人在融融春日中至郊外踏青，感受生命的交替；有人在小镇中寻觅"诗和远方"……"春日"叠加"假日"，使清明节不断焕发出新的时代活力。

第四章　传统节日礼仪

端午节

　　端午节是流行于中国众多民族中的传统节日。其起源众说纷纭，但最为人熟知的是为纪念古代诗人屈原。自唐代起，端午节逐渐演变为一个全国性的节日，各地在传承中又赋予其独特的地方特色。端午节的传统活动丰富多彩，包括激情澎湃的赛龙舟、品尝香糯可口的粽子、悬挂驱邪保健的艾叶，以及饮用具有药用价值的菖蒲酒等。

一、端午节的五彩丝线：系百索子的传统与寓意

　　百索子，又称为"长命缕"或"五色丝"，是一种用五种颜色的丝线编织而成的饰品。在农历五月，这个被认为是瘟疫和病毒多发的"毒月"，古人将五色丝线系在儿童的手臂或悬挂于门楣，以此驱邪避灾，保佑安康。

　　五色丝线的五种颜色——青、红、白、黑、黄，分别对应五行中的木、火、金、水、土，象征着自然界的和谐与平衡。这一习俗深刻体现了古人对天地万物相生相克规律的深刻理解，以及对生命健康福祉的深切关注。

　　在端午节这一天，家长会为孩子们精心编织百索子，细心地系在他们的手腕或脚踝上。这些五彩斑斓的丝线，不仅为节日增添了一抹色彩，

也成为孩子们童年记忆中的一部分。当夏季的暑气渐渐消退，家长们会将百索子取下，随风飘走或投入流水中，寓意着将疾病和灾难带走。

系百索子的习俗在现代社会中依然得到传承与发展。现代人将其视为一种文化的传承和对美好生活的向往。在端午节期间，无论是在城市还是乡村，人们手腕上的五彩丝线都是节日中一道独特的风景线。

此外，系百索子也被视为一种亲子互动的方式。家长在为孩子系上百索子的过程中，不仅传递了传统文化，也加深了家庭成员之间的情感联系。这一简单而温馨的动作，成为连接过去与现在、传统与现代的文化纽带。

二、端午节的香包传承：佩戴香囊的文化意蕴

香包，又称香袋、香囊或荷包，通常由五色丝线缠绕或碎布缝制而成，内装有中草药研磨成的细粉，如白芷、川芎、芩草等，散发出天然的香气。这些草药不仅气味芬芳，还被认为具有驱邪避疫的功效。在端午节期间，人们会将香包佩戴在胸前或腰间，以此祈求健康和平安。

佩戴香包的习俗源远流长，最早可追溯至汉代。随着时间的推移，香包的制作工艺越来越精细，其填充物从最初的蚌粉、灵符、铜钱等简单物品，发展到各种香料，逐渐成为端午节特有的民间艺术品。

在现代社会，虽然香包的驱邪意义已经逐渐淡化，但它作为传统文化的载体，依然受到人们的喜爱。许多地方在端午节期间都会举办香包制作比赛或展览，展示各种创意十足的香包作品，让更多人了解和传承这一古老习俗。

香包的制作和佩戴，也是一种富有教育意义的手工艺活动。家长和孩子们一起动手制作香包，不仅能够增进亲子间的情感交流，也能够让

第四章　传统节日礼仪

孩子们在实践中学习和体验传统文化。

此外，香包的佩戴还体现了人们对美的追求和生活品质的提升。在端午节这一天，佩戴着精美香包的人们走亲访友，不仅为节日增添了一份雅致，也展示了个人的文化品位和生活态度。

三、端午节的粽子情怀：包裹传统的节日美食

粽子的起源与屈原的故事紧密相连。相传，在屈原投江自尽后，人们为了防止鱼虾侵食他的身体，便将米粮投入江中，以此喂食水族。后来，为了纪念这位伟大的爱国诗人，人们用竹叶包裹米粮，制成粽子投入江中，粽子逐渐演变成了端午节的传统食品，并流传至今。

粽子的制作讲究技艺与创意。它通常以糯米为主要原料，配以各种馅料，如红豆、枣子、肉类等，然后用竹叶或苇叶包裹成三角形或其他

形状，最后蒸煮而成。粽子的馅料丰富多样，不同地区的粽子风味各异，从北方的甜粽到南方的咸粽，每一种都有其独特的风味和制作工艺。

在端午节这一天，家家户户都会忙着包粽子，这不仅是对传统习俗的传承，也是家庭成员间情感交流的重要时刻。包粽子的过程需要耐心和技巧，家长们会将这份技艺传授给下一代，让传统文化得以代代相传。

粽子也是现代社会中联络感情的纽带。在端午节，人们会互赠粽子，以此表达对亲朋好友的祝福和关怀。粽子的美味，不仅满足了味蕾的享受，更承载了人与人之间的温情与思念。

随着时代的发展，粽子的制作和食用已经超越了节日的局限，成了一种日常的美食。然而，在端午节这个特殊的时刻，粽子的文化意义和情感价值尤为凸显。它不仅是对屈原精神的赞扬，也是对传统美食文化的传承。

四、端午节的龙舟竞渡：激荡水面的民族精神

龙舟竞渡，源远流长，最早可追溯至古代的祭祀活动。在屈原投江之后，人们划船驱赶鱼虾，以保护屈原的身体不被侵食，这一行为逐渐演变成了赛龙舟的习俗。如今，赛龙舟已经成为端午节不可或缺的文化符号，它不仅在中国大陆、台湾、香港、澳门地区广为流传，也在世界各地的华人社区中得到了发扬。

龙舟的造型独特，通常以龙的形象为设计灵感，船身细长，船头船尾高高翘起，船上绘有龙鳞、龙须和龙眼，栩栩如生。比赛时，船上鼓声雷动，队员们随着鼓点的节奏挥桨划水，动作整齐划一，展现出惊人的团队协作能力。

第四章　传统节日礼仪

　　赛龙舟不仅是一项体育竞技活动，更是一种文化传承。在比赛前，会有庄重的点睛仪式，即用毛笔蘸上朱砂为龙舟的龙眼点睛，寓意着赋予龙舟生命和力量。此外，龙舟赛还伴随着各种民俗表演，如舞龙、舞狮、民族歌舞等，为节日增添了浓厚的文化氛围。

　　在现代社会，龙舟竞渡已经超越了单纯的纪念意义，成为一种促进国际交流、展现民族风采的国际性赛事。世界各地的龙舟赛吸引了众多国家和地区参与，成为不同文化间交流与互动的平台。

文明礼仪

 小贴士

端午节的由来

端午节，又称端阳节、龙舟节、天中节等，是纪念屈原的传统节日，有吃粽子、赛龙舟、挂菖蒲、喝雄黄酒等民间习俗。端午节与春节、清明节、中秋节并称为中国四大传统节日。2006年，国务院将其列入首批国家级非物质文化遗产名录。2009年，联合国教科文组织正式批准将其列入人类非物质文化遗产代表作名录。

龙舟文化作为中华优秀传统文化的重要组成部分，其展现的"龙"符号以及所凝聚的民族精神，与中华民族共同体意识所追求的增强文化认同、促进民族团结等目标高度契合。

时至今日，龙舟文化更是表现出地域界限日益突破，参与者数量明显增加，异质文化交流更加深入，多元价值脱颖而出的喜人气象。龙舟竞渡是体现团结精神的载体，其仪式表演是促进交流互鉴的场域，宜进一步广大发扬。

风向标

端午新风尚

人们可以通过赛龙舟、包粽子、制作香囊、悬挂艾叶、诗词朗诵等丰富多彩的文化活动，来深入了解传统、尊重传统并积极弘扬传统，从而更加有意义地庆祝这一传统节日。例如，在广东，一些社区采用生动活泼、通俗易懂的方式，向小朋友们讲述端午节与爱国爱家之间紧密相连的故事，使他们在欢乐的氛围中学习到传统文化的精髓。同时，社区工作人员与辖区居民围坐一起，亲手包粽子，并将这些满载爱心的粽子赠送给辖区的独居老人、空巢老人，让他们深切感受到来自社区大家庭的温暖与关怀。

七夕节

七夕节,是中国民间的传统节日,全国各地都有过七夕的习俗。唐朝诗人沈佺期在《七夕曝衣篇》中写道:"此夜星繁河正白,人传织女牵牛客。宫中扰扰曝衣楼,天上娥娥红粉席。"这首诗描绘了天人合一、人天共圆的七夕盛景,美不胜收,令人遐想无限。虽然宋代以后关于"曝衣"(东汉时期就有七月七"曝经书及衣裳"的记载)这一习俗逐渐少见,但七夕节却很好地保存下来,历经风雨不断发展兴盛,至今已成为一个深受青年男女喜爱的节日。

七夕节,一般老百姓在穿衣方面没有格外的讲究,但这是年轻女子聚在一起乞巧乞美的舒心日子,自然不免要在穿衣打扮上精雕细琢。据记载,宫廷中会通过改变服饰来顺应节日的到来。明代太监刘若愚在《酌中志》中提到,七月初七日这天,宫眷们都要穿鹊桥补子,而清代宫廷也用喜鹊图案表示时间的变更。

2017年1月,中共中央办公厅、国务院办公厅印发的《关于实施中华优秀传统文化传承发展工程的意见》提出,研究提出承接传统习俗、符合现代文明要求的社会礼仪、服装服饰、文明用语规范,建立健全各类公共场所和网络公共空间的礼仪、礼节、礼貌规范,推动形成良好的言行举止和礼让宽容的社会风尚。研究七夕节的礼仪,重要内容之一应该为其"量身定做"一整套具有中国特色的规制。

一、节日来历与当下意义

七月七,又称七夕节,是个曾经拥有众多习俗活动并且广泛流行的传统节日,早在汉代就已经出现。提及七夕,人们自然而然地联想到牛郎织女,正如诗句"天阶夜色凉如水,卧看牵牛织女星"所描绘的浪漫景象。实际上,这个节日最初并不是为了纪念牛郎织女的爱情悲剧,而是纪念织女的。织女又被称为"七姐"。乞求心灵手巧是七夕节最重要的诉求,所以七夕节又称乞巧节。乞巧节是女子的专属节日,织女被视为纺织女神,凡间女子便在这个晚上向她乞求智慧和巧艺。

七夕最初源于上古时代的星纪崇拜,人们将织女星作为秋季来临的季节星象。在这特殊的夜晚,少女们祭祀星神、祈求心灵手巧,赋予了七夕浪漫的色彩。七夕在汉魏之际初步完成了从星纪崇拜向民俗节日的转变,人们在这一天吃巧果等食品,并进行穿针乞巧、喜蛛应巧、守夜许愿、曝书晒衣等一系列乞巧活动。到了魏晋时期,牛郎织女的故事与七夕节风俗相互融合,使七夕逐渐成为象征爱情的节日。在当代,七夕更是被赋予了"中国情人节"的文化含义。

七夕节传承至今,为我们留下了丰富的文化遗产,包括性别观、爱情观、劳动观、进取精神、道德观等,是中国传统节日在全球化浪潮中重振与传承的典型之一。传统节日文化是中国悠久历史文化的重要组成部分,也是展现中国形象的典型名片。国家也十分重视各地七夕节风俗的保护与传承。岁月无痕,唯有"节"能言。

2006年5月20日,七夕节被列入首批国家级非物质文化遗产名录;2008年,甘肃西和乞巧节习俗被列入第二批非物质文化遗产名录;2011年,广州天河、浙江温岭两地的七夕习俗被列入第三批非物质文化遗产名录;2014年,湖北郧西七夕习俗被列入第四批非物质文化遗产名录。

七夕节的浪漫寓意在当今社会不仅有利于人们追求幸福,更推动了与之相关的经济产业的发展。与此同时,七夕节的美好风俗也流传至国外,丰富了七夕节的内涵。在海外,七夕节的庆祝方式虽与国内有所不同,但同样承载着人们对美好生活的向往。讲好中国故事、传播中国声音、创造人类文明新形态、构建人类命运共同体,七夕节是一个重要的载体。

 **小贴士**

万千女儿乞巧欢

民间相传,七姐是天上的织布能手。旧时代女子们向七姐"乞巧",乞求她传授心灵手巧的手艺。其实,所谓"乞巧"更多是一种"斗巧"活动。七夕斗巧,判定斗巧者巧拙的"卜巧"手法,主要有"穿针乞巧""对月穿针""喜蛛应巧""兰夜斗巧"和"投针验巧"等几种形式。

"穿针乞巧"也叫"赛巧",即女子比赛穿针,她们结彩线,穿七孔针,谁穿得越快,就意味着谁乞到的巧越多,穿得慢的称为"输巧","输巧"的人要将事先准备好的礼物送给得巧者。

"对月穿针"是指七月初七这天傍晚,家家户户都把庭院清扫干净,年轻妇女和姑娘们先向织女星虔诚跪拜,乞求织女保佑自己心灵手巧。然后,她们把事先准备好的五彩丝线和七根银针拿出来,对月穿针,谁先把七根针穿完,就预示着将来她能成为巧手女。

"喜蛛应巧"是南北朝时期开始流行的一种乞巧活动。七月七这天,人们在庭院或是宽阔的场景摆放瓜果祭祀,并焚香供奉,将蜘蛛放进盒里,或是看瓜果上是否有蜘蛛前来,等到第二天查看蜘蛛有没有结网。不同的朝代关于喜蛛应巧的评判标准各异,南北朝评判得"巧"是看有没有蜘蛛网，唐朝则是看这网织得是否紧密，到了宋代就要看这网是否圆正了。得"巧"越来越难，越来越"卷"。

"兰夜斗巧"是一种游戏，七月旧时称为"兰月"，而七月初七即七夕这天晚上又称作兰夜。女性们聚在一起学习穿七巧针乞巧，通过游戏比拼巧拙。

"投针验巧"即事先准备一只面盆，将河水、井水混在一起倒入面盆，露天过夜后，再经第二天即七月初七的太阳一晒，到中午或下午就可以"验巧"了。面盆里的水经过半天太阳光照射，表面依稀生成薄膜，将缝衣针轻轻平放在水面上，针不会下沉，水底会出现针影，如果针影粗壮则为拙，针影纤细则为巧。

二、活动内容：岭南七夕寓生机

不同地区七夕的风俗各有特色，这里主要介绍广东的七夕风俗，借以突出岭南地域文化特色。如今，广东的乞巧节发展得如火如荼，我们要加大力度丰富其内涵、雅化其活动形式、将积极的青年亚文化元素嫁接到这块务实重商的热土上，使传统的乞巧文化迸发出新时代的生机。

"瓜果跽拳祝，睞罗扑卖声。粤人重巧夕，灯火到天明。"宋代诗人刘克庄笔下千百年前广东人通宵乞巧的盛况，如在昨日。随着时代的发展，广东在创新之余依然保留着不少原汁原味的七夕传统风俗，它们是文化复兴的重要组成部分，也是岭南地域文化的重要体现。

（一）拜七娘——祈求巧手，寻如意郎君

七夕节在广东也被称为"乞巧节""七姐诞""七娘诞""摆七娘""拜七娘"，包含了摆巧、拜仙、乞巧、吃七娘饭、看七娘戏等诸多内容。目前乞巧风俗在广州天河、番禺、黄埔等地较为兴盛，其中天河珠村是

目前广州乞巧活动最集中、规模最大的"村落"。

七夕节作为一个以女性为主角的传统节日,通过乞巧活动展现了女性的智慧与勤劳。因此,节日礼制要突出女性的性别特征,男性不应喧宾夺主;活动中的女性可以通过注意"德、容、言、工"的提升,展现中国女性及岭南女性的古典风范,从而丰富乞巧节的文化体验,使活动更具意义和仪式感。

珠村乞巧包括制巧、摆巧、睇巧、赛巧(即斗巧)等环节,其中"制巧""摆巧""斗巧"是重头戏。七夕前几个月,女伴们就相约制作各种手工艺成品,过去,乞巧工艺品的原材料主要有农作物壳、动物皮毛以及纺织物碎料,以及竹、蔑、铁丝、色纸、绢布、造型用的观音土等。现在,一些新型的现代装饰材料,如珠片、珠管、胶片等也被广泛应用于手工艺成品的创作中,制作出的手工艺品包括珠村牌坊、七夕公仔、七娘盘、腊梅花、拜仙禾、珠片瓜果、斋塔灯等。巧女们的手工艺品于七月初一开始被放置于祠堂中"摆巧",邀请亲朋相邻观赏品评。

作为古典的节庆活动,参与活动时最好全情投入,仿佛"穿越"回古代,营造一种置身古代的真实情境。比如,宜全程用粤语交流,避免使用手机,以免影响活动氛围和质量。

初六晚上举行拜巧仪式,由一名巧女作为代表,金盆洗手后向仙桌敬茶、上三炷香。然后,与其他姑娘们一同点起油灯、香烛,向星空跪拜,这是乞巧仪式的高潮。古语有云:"以'六夕'为'七夕',粤俗大抵皆然。女儿罗酒果祀牛女,谓之'拜仙'。""初六夜更时,焚香燃烛,向空礼叩,曰迎仙。自三鼓以至五鼓,凡礼拜七次,因仙女凡七也,曰拜仙"。也就是说,农历七月初六至初七两晚,姑娘们要穿新衣服、戴新首饰,焚香点烛,对星空跪拜"七娘";同时默念"七姐下凡,保佑人们，保佑小孩子，祈愿身体健康"等，以此祈求巧手，寻得如意郎君。五更时分祭拜七次后，姑娘们手执彩线穿针引线，成功者即得巧；最后，焚烧纸扎的"梳妆盘"及"仙女衣"象征着送别仙女。拜巧仪式结束后，宾客即可参观"睇巧"，对乞巧工艺品逐一品评。

上香要符合岭南的规制与程式，比如静心凝神，摒弃杂念。最好事先经过排练，以显示出虔诚恭敬的心意。流程的"丝滑"是活动的要求，也是对观众的尊重。

珠村女性在摆巧、斗巧过程中，通过手工技艺展示才华和品格，以此获得社会认同。而珠村因处于广州城中村，具有较为优越的地理优势，同时，珠村不断突破地域空间限制，不断拓展文化内涵与外延，向外部社会展现实力，搭建了珠村与广州乃至世界的交流通道。

礼仪是一种泛导效应，它是宣示价值观、教化人民的有效方式。珠村女性的乞巧礼是活动的重要组成部分，亦是彰显广州特色女性文化的活名片，因此，要不断加以丰富，使其更具文化魅力和影响力。

（二）出花园——一场特殊的成人礼

"出花园"是潮汕人为孩子告别童年而举行的一种成人礼，是潮汕地区独特的民俗文化。这一仪式象征着孩子已经长大，可以走出花园，不再是终日在花园里玩闹的孩童，将要正式告别自己的童年，成为有担当、有责任的时代青年。潮汕民间认为床神的诞辰为七月初七，所以在七夕这天举行出花园仪式也是为了表达对床神的感谢。

在"出花园"这一天，长辈会为孩子准备一顿特殊的"成人餐"，男孩食用公鸡头，女孩则食用母鸡头，还要象征性地咬一下鸡头，寓意"独占鳌头、出人头地"。

（三）七夕水——保佑平安顺利

客家人自古就有在七夕泡"七夕水"和储藏"七夕水"的传统习俗，这天所取的水被称为"七夕水""七月七水""七姐水"等。据惠州民间传说，七夕佳节，天庭上的七位仙姑会下凡到人间的河流中洗澡，这时凡间的河水和井水因沾了仙气，喝了可以辟邪、治病、延寿。

除了储清水外，客家人还有储冬瓜水的习俗。七夕当天，人们会把新鲜冬瓜洗净切成小块，放入陶罐或瓦埕中。据说，饮用冬瓜水对治疗温热、中暑、发烧有奇效。

（四）放"鸭仔"——祈祷孩子健康成长

佛山石湾地处东平河畔，居民以世代传承的陶工为主。过去，陶工以手工操作为主，又苦又累。因而陶工都希望自己的孩子能健康成长，长大后有一身好力气，早日成为父亲的好帮手。因此，石湾人有在七月初七放"鸭仔"的习俗。

在七月初七的大清早，长辈将米粉捏成小鸭形状，蒸熟后，用稻草缠成小鸭窝。接着，人们点燃香烛，把一窝窝"鸭仔"轻轻放到水面，口中念着祝祷语，希望家中小孩像鸭仔一样粗生粗长，像鸭仔一样能走能跑、落水能游，快点长大。

（五）走仔会——保佑平安顺利

潮汕人习惯称女儿为"走仔"。已出嫁的女儿相约在同一天回娘家省亲，潮俗称之为"走仔会"。"走仔会"最普遍的日期是农历七月初七。这一天清早，已婚的"走仔"们携夫带儿，并带上孝敬双亲的礼物回娘家省亲。旧时的礼物多为甜花生猪脚汤和甜莲子汤，随着时代观念的更新，现今所送的礼物多为干品，寓意吉祥者最佳，如鸡蛋象征团圆、粉丝象征长寿等。

文明礼仪

 小贴士

历久弥新的中式浪漫

一个节日要永葆活力，内生动力要十分强大。七夕节要过出新花样、新气象，年轻女性群体的热心参与是不可缺少的，因此壮大浪漫情愫是七夕节的发展方向。让它成为中国的情人节，契合中国的历史情境、文化情境、青年情境。

现在大多数人认知中的七夕节的含义更多是来自"牛郎织女"的爱情传说，这种认知对于促成中式浪漫的提档升级十分重要。七夕节蕴含了对坚贞爱情的追求，也宣扬了夫妻恩爱、家庭和睦的理念，这与当下的社会主义核心价值观高度一致。"在天愿作比翼鸟，在地愿为连理枝""两情若是久长时，又岂在朝朝暮暮"这种中华民族最淳朴而真挚的爱情观得以发扬，中华民族的"道本于情"书写更为亲民、更为触手可及。有情之人会在这天终成眷属，中式浪漫可为文化自信赋能，推动形成社会主义家庭文明新风尚，又有了一个新的动能。

当然其文化意蕴还不止于此，因为现在女性地位的转变与女性自身的强大，当今的七夕节的主题也慢慢地从爱情转向突出女性自身的魅力，强调女性要多关注自身，多爱自己。七夕节的最初意义正重焕光彩：七月七，双阳数，阳气旺，所以设置女性节日来中和，彰显了中国式的"执两用中、守中致和"的思维与智慧；而这个节，恰恰女性是主角，充分放大这一点，更有利于妇女解放及妇女休闲产业的高质量发展。

"中式浪漫"也是讲好中国故事的重点节点。现在，世界上中文学习者的数量不断增加，人数已经超过1亿。七夕的浪漫文化可以起到以下几个方面的作用：一是可以帮助中文学习者更好地了解中国文化，可以通过这个习俗更深入地了解中国的历史、社会习俗以及民族精神等方面的内容。

二是七夕文化具有丰富的内涵和趣味性，可以充分激发中文学习者的学习兴趣，从而提高学习效率。三是七夕文化还可以促进中外青年的文化交流和相互理解。

三、文化内涵：民俗体验受热捧

七夕节能够经久不衰，归根结底还是其文化内涵契合人们的价值取向。不管是七夕节的传统风俗，还是其美好寓意，都为其发扬光大提供了充足动力。有趣好玩的民俗能够吸引人们前来体验，并且关注七夕节的来源与文化内涵，加上当今社交媒体形成的强大的信息辐射圈，使七夕节的民俗受到广泛关注。甘肃西和乞巧节、广州珠村七姐诞、东莞望牛墩乞巧节、浙江温岭小人节等都逐渐被大众所熟知，并且吸引了各地的人们前去体验，七夕民俗复兴已势不可挡。

有关部门要抓住新时代的民俗提档升级工程，用好以节化人的教化思想，满足青年男女形神兼备、情景交融的美学追求，传承发展中华优秀传统文化，大力弘扬有利于促进社会和谐、鼓励人们向上向善的思想文化内容。

比如可以将民俗体验主题化，每年一个主题，年年不一样，借以帮助青年人克服审美疲劳，深入参与七夕节活动，以小博大，实施中国传统节日振兴工程。丰富七夕节日文化内涵，形成新的节日习俗、新的礼仪礼节礼貌规范。加强对与七夕有关的传统历法、天文和饮食、女红等的研究阐释、活态利用，使其有益的文化价值深度嵌入青年生活。

文明礼仪

海心桥变鹊桥，广州14对新人举行古风集体婚礼

金风玉露一相逢，便胜却人间无数。2024年8月10日，时值七夕佳节，由广州市天河区文化广电旅游体育局、广州塔旅游文化发展股份有限公司联合主办的2024"缘满珠江"汉式集体婚礼在海心桥举行。

本次活动通过线上线下相结合的方式，面向全社会征集了14对新人参与这场别开生面的汉式集体婚礼。活动当天，广州市民在珠江沿岸共同见证这个唯美浪漫的美好时刻，见证新人怀着对传统文化的热爱、对汉式婚礼的钟情和对爱情永恒的信念奔赴一场浪漫之约。

本次活动举办地贯穿海心沙、海心桥、广州塔等广州文化地标，汇集"塔耀新城""珠水流光"两大城市名片，拥有独特的"水、陆、空"立体观览体验，是世界城市地标的"巅峰之作"，千年商都广州的"城市之核"，守承羊城记忆的"岭南之窗"。海心桥连接着珠江两岸，横跨城市南北轴线，以一条弧线顺应广州城市的中轴曲线，这座民心之桥，既是城市客厅、广州之眼，亦将成为未来广州名副其实的岭南"新鹊桥"。

9时50分，14对新人身着宋制婚服，款款而来。新郎从海心桥北、新娘从海心桥南依次上桥，在海心桥正中间会合，实现别具意义的"鹊桥会"。10点整，天河区民政局副局长黄美英发表致辞，对新人寄予了深深的祝福和殷切的期望。

随后，新人依次完成各项仪式，成为结发夫妻……从"交饮匏瓜酒，苦甘回味久"到"两簇青丝，情相悦共结百年同心"，新人们在海心桥上集体许下爱的誓言，共书"执子之手，与子偕老"的美好爱情故事。

七夕节当晚，全体新人作为"新婚俗使者"赴珠村七夕广场参加"我们的节日·七夕"主题文化活动启动仪式。

四、发展前景：创造创新添活力

2001年初，中国改革开放推动传统文化的复兴，天河珠村一批当年做过乞巧的老婆婆重拾当年的记忆，做出一台乞巧贡案。2005年，经过珠吉街、天河区和广州市各级部门的努力，珠村乞巧得到政府和社会各界更多的关注和支持，从此成为"广州乞巧文化节"，并逐渐成为广州的一项民俗品牌活动。2010年，天河乞巧成为国家"非遗"保护项目，珠村被命名"中国乞巧民间艺术之乡"，并建立了乞巧博物馆，修建了七夕广场，拓展了村民的乞巧活动空间。

经过十多年的努力，广州乞巧文化节成为海内外闻名遐迩的一个民俗节日。广州乞巧节百年间几起几落，从禁到兴，从兴到禁，历史的经验值得注意。当今正是传统乞巧文化发展的大好年代，民众积极参与，政府大力支持，媒体全力配合传播，每到七夕期间，众人便前往珠村、黄埔、番禺等地过乞巧节。

虽然七夕节复兴前景比较乐观，但是我们仍然不能忽视其中潜藏的隐患。如广州乞巧节陷入传承人紧缺、传承与传播方式较为单一、文化活动与传承空间逐渐消失的困境。当今社会娱乐活动类型繁多，如何在原有民俗的基础上加以创新，从而吸引人们关注与体验传统民俗，将之推广出去，呈现出旺盛的生命力，是相关人士必须考虑的问题。

首先，实施七夕节庆礼仪服装服饰计划，七夕举办服装秀。对内是复兴古典服装，对外是让国外青年对中国的古典服装有直观的感受。中国人的古装具有东方式的含蓄美，如隔岸观花，温和内敛。因此，实施七夕节庆礼仪服装服饰计划，设计制作展现七夕独特文化魅力的系列服装服饰，刻不容缓。这也是如何创造性转化、创新性发展优秀传统文化的题中应有之义。

文明礼仪

其次，大力发展七夕文化旅游，充分利用岭南历史文化资源的优势，规划设计推出一批七夕专题研学旅游线路，引导青少年在文化旅游中感知中华七夕文化。推动休闲生活与传统七夕文化融合发展，培育符合现代人需求的传统休闲文化。

最后，"互联网＋七夕"迫在眉睫。可将乞巧节等非物质文化遗产与电子游戏进行结合，如将乞巧节融入电子游戏的可行性研究与实践，将乞巧节的爱情主题引入电子游戏，将巧姐形象植入游戏皮肤，将乞巧节的主要活动场景如"妹仔屋"、宗族祠堂等嵌入电子游戏，将乞巧工艺品在电子游戏中进行复刻和创新，开发乞巧民俗文化游戏周边，同时以三维古风手绘画面呈现乞巧元素，以立体形象使玩家获得深刻的在场感等。此外，也可通过公众人物和社交媒体如抖音、快手等推广七夕文化，结合时代热梗，使民俗以一种符合当代人趣味的方式深入人心。

年轻人是创造力的"孵化器"，网络是年轻人的身体延伸，乞巧节是青年男女的最爱。三重利好叠加，完全可以将乞巧节"复兴"并发扬光大。

非遗活动沉浸式体验

沉浸体验是一种以正向的、积极的心理体验为主的体验，它可以让个体参与活动时获得极大的愉悦舒适感，从而促使参与的个体反复进行同样的活动而不感厌倦。天河区乞巧节的活动就遂行了这一目的。

广府是目前国内乞巧习俗保留最完整、特色最鲜明的地区之一，又因优越的地理位置和交通条件，吸引了无数人的参与。以下图片（均来源于《广州日报》)显示出天河乞巧习俗的鲜活气息。

学术界有学术界的说法,民间有民间的说法。"牛郎织女天河配,一年一见也不悔","天河配"的燃点也被"天河(区)"get到了,以致成为其设置沉浸式体验的话题,活动创意无比丝滑。比如图1中的鹊桥制作,制作过程中,心中的愉悦是无法熔断的。制作的过程就是助人为乐、成人之美的艺术创作过程,成就感、获得感满满,难怪为历年来参与活动的年轻人所喜爱。

图1 手工制作的"鹊桥"

坚持让女性成为女性节日的主角的办节理念,是乞巧节与其他节日截然不同的指导思想。七夕节的主角确定后,再融入七夕节的其他要素如图2中的七夕扇、七夕头饰服饰舞蹈……让女性的性别特征"写满"整个舞台,男性"沦为"看客,逆袭感十足,反转味道十足,不亦乐乎?

文明礼仪

图2　天河乞巧文化节

由传说到传承，是沉浸式体验的最好抓手，图3是互动式体验，也是将"巧"说与你听、说与你学的重要环节。有了这个环节，神话传说就活起来了、灵动起来了，"德、容、言、工"的"工"就落到了实处。人神对话、人节对话都不如人人对话亲切温馨；更何况乞巧婆婆的出现，不正是非物质文化遗产的最好传承人吗？

图3　年轻人向乞巧婆婆学习制作"巧品"

体验的建链是必要的，独乐乐不如与人同乐，体验的接力在"评巧"（示巧）环节最为突出，岭南应该在此一环节加大落实力度。比如图4给人的体验，它既是巧姐志得意满的成果展现，也是激发参观者、品评者二次体验的最好"人设""物设"。岭南巧姐巧制岭南佳果，它既是巧的习得，也是岭南风物艺术呈现。岭南的节、岭南的果、岭南的巧，岭南的文化盛宴。从礼仪的角度来说，让观众参与评价、打分、排名、列奖，也是对观众的最大尊重；更是大数据时代的新风尚。

图4　"巧姐"制作的"岭南佳果"

文 明 礼 仪

风景这边独好

七夕在岭南大地很受欢迎。如今,乞巧节更是迎来发展的极大利好。它有多重"天时地利人和",为"风景这边独好"赋能。

第一重地利:牛郎织女传说是四大民间传说之首,其源自古代先民对日月等天体的美好祈愿,是中国农耕文明下的精神产物。由于全球化的影响,拥有漫长历史的七夕文化与节俗都受到了西方文化的冲击,在文化的对冲下,七夕文化逐渐变为一种文化符号,有了新的发展空间。广东特别是广州作为"千年商埠",七夕文化迎来重大发展利好。

第二重地利:广东特别是广州的物候与其他地区不一样,为其七夕文化带来新的诗学视角。唐前七夕诗以吟咏牛郎织女的离怨情为主,唐代七夕诗中的节俗与物候的交织描写为神话浪漫主义色彩浓重的七夕节增加了节日欢庆的现实感,同时还突破了"悲秋"文学传统,产生了"迎秋""享秋"的新情感;当代的岭南宜在继往的基础上"开来",赋予岭南七夕以新的文化内涵及书写情境。这将为岭南七夕的雅化、高阶化打下坚实基础。

第三重地利:七夕催热"浪漫"夜经济。岭南气温较高,夜晚适宜休闲娱乐,有了七夕便多了一个机会。广东每年的旅游收入超万亿元,"浪漫"夜经济可以为之锦上添花。

第四重地利:2024年的七夕节,不少香港居民也趁周末北上,体验内地的七夕文化氛围,其中深圳成为香港居民的热门选择。数据显示,香港居民七夕期间入住深圳的酒店预订热度较前一个周末增长2倍。七夕"鹊桥"连通深港,成为湾区一体化的重要中介。

人和之一：年轻人。七夕一般在阳历8月，牛郎织女在七夕鹊桥相会的民间传说，让这个日子充满了爱的寓意，每年的这一天，都会出现婚姻登记热。"年轻态"引发观众共鸣。组织集体婚礼，倡导简约适度、文明健康婚俗新风；开展民俗体验，加深大家对七夕节的文化认同和价值认同；举行非遗展演、文艺表演，充分挖掘七夕节文化内涵；举行七夕茶话会，分享家庭和睦经验，树立正确的爱情婚恋观。女性文化、青年文化，品相十足，其乐融融。

人和之二：科技人。用"科技+"打造视觉盛宴，成为七夕新元素。仅凭文字，似乎很难满足观众对古人所处的那时那景的好奇与想象。通过AR等技术丰富和延展七夕场景，将千百年来人们用以描述遥远星河的浪漫意象变为可视化的具象效果，呈现于荧幕上（比如广州"小蛮腰"），打造使观众仿若置身其中的视觉盛宴，让观众的想象力瞬间穿越千年。此时，再植入无人机表演，就更加充满"科技范"。比如广州荔湾区将举行七夕路边天文科普活动，架设四台天文望远镜，让公众观星赏月；此外还有七夕许愿墙、天文电影放映，以及投壶游戏等有奖互动节目。以非遗乞巧为主题，热门景点广州塔也策划了系列主题活动，沉浸式还原七夕盛景，让流光溢彩的"小蛮腰"成为有情人的见证。

人和之三：商人。吃在广东，餐饮商家纷纷抢抓"甜蜜"商机，推出七夕相关主题促销活动；玫瑰瀑布、巨型花束、诗词条幅，也让花店在高大上营销中赚得盆满钵满。

人和之四："超龄人"。当乞巧节将已婚、久婚的妇女排斥在外的时候，妇女们自然不愿意失去女性自我欢娱的宝贵机会，于是创造了各种礼仪。比如，已婚的妇女以"拜仙"的名义再次将自己合理地拉回节日的主体之中，将原本属于少女的"七姐诞"重新变为自己的节日。

文明礼仪

中秋节

中秋节是流行于中国众多民族中的传统节日，承载着中华民族希望月圆人团圆、平安合家欢的朴素理念。在这一天，家家户户同赏一轮明月，共品一块美味的月饼，互道一声团圆，表达对亲人的思念与祝福。这个延续了千年的佳节，不仅寄托了古人对"但愿人长久，千里共婵娟"的美好期盼，更见证了中华民族家庭和睦、民族团结、共赴小康的美好生活图景和未来愿景。

一、中秋祭月与赏月：皓月当空的文化礼赞

祭月，这一古老而又庄重的仪式，源自古代皇家对月神的祭祀。在现代，它已经演变成民间的一种传统习俗，人们通过摆放供品，如月饼、水果、酒等，向月亮鞠躬或磕头，来表达对月亮的敬意和感激。在中秋之夜，家家户户都会在庭院或阳台上设香案，点燃香烛，祈求月神的庇佑，希望家人平安、生活幸福。

赏月则是中秋节最富有诗意的活动。一家人围坐在一起，仰望天空中那一轮明亮的圆月，小孩子听大人讲述与月亮有关的美丽传说，如嫦娥奔月、吴刚伐桂、玉兔捣药等。这些故事不仅丰富了节日的文化内涵，也增添了节日的浪漫气息。在月光的照耀下，人们的心灵得到了净化，

第四章 传统节日礼仪

情感得到了升华。

祭月与赏月的活动,不仅仅是对月亮的崇拜,更是一种对生活的热爱和对自然的敬畏。在现代社会,虽然生活节奏加快,人们与自然的联系似乎变得疏远,但中秋节的祭月与赏月活动,提醒我们不要忘记对自然规律的尊重,以及对传统文化的传承。

此外,祭月与赏月也是对家庭团圆的强调。在中秋之夜,无论身处何方,人们都会尽量回到家中,与家人共度佳节。这种对家庭的重视,体现了中华民族深厚的家庭观念和亲情至上的价值观。

二、中秋节的团圆宴:家庭和睦的温情时刻

中秋节的团圆宴,是这个节日的重头戏。家人们围坐在一起,共享精心准备的美食,其中最不可或缺的便是月饼。月饼作为中秋节的象征,

文明礼仪

> 🔔 **小贴士**
>
> ### 嫦娥奔月
>
> 相传，在远古时代，天上有十个太阳同时出现，晒得庄稼枯死，民不聊生。一位名叫后羿的英雄，他同情受苦的百姓，一气射下九个太阳，并严令最后一个太阳按时起落，为民造福，赢得了人们的爱戴。
>
> 后来，后羿从王母娘娘那里拿来了可以成仙得道的灵药。后羿的妻子嫦娥将药藏进梳妆台的百宝匣里，不料被后羿的徒弟逢蒙看见了。有一日，后羿率众徒外出狩猎，逢蒙假装生病，留了下来。待后羿率众人走后不久，逢蒙闯入内宅后院，威逼嫦娥交出灵药。危急之时嫦娥当机立断，将药一口吞了下去。嫦娥吞下药后，身体立时飘离地面、冲出窗口，向月亮飞去。
>
> 百姓们闻知嫦娥奔月成仙的消息后，纷纷在月下摆设香案，向嫦娥祈求吉祥平安。从此，中秋节拜月的风俗在民间传开了。

其圆形代表着家庭的团聚和圆满。在品尝月饼的同时，家人间的交流与沟通也达到了高潮，增进了彼此之间的感情。

在现代社会，虽然人们的生活节奏加快，但中秋节的团圆宴依然是维系家庭成员情感的重要纽带。在这个节日里，无论是长辈还是晚辈，都会放下手中的工作，回到家中，享受与家人团聚的时光。这种团聚不仅是对传统文化的传承，也是对家庭价值的重视。

团圆宴上的交流，不仅限于日常生活的分享，更包含了对长辈的尊敬和对晚辈的关爱。在这个过程中，年轻一代有机会学习长辈的智慧和经验，而长辈也能够了解年轻一代的想法和追求。这种代际的沟通，有助于增进家庭成员之间的理解，促进家庭的和谐。

三、中秋节的传统美食：月饼与螃蟹的飨宴

月饼，作为中秋节的标志性食品，其圆形象征着家庭的团圆和和谐。月饼的种类繁多，从传统的五仁、莲蓉到现代的冰皮、奶黄，每一种都有其独特的风味。月饼上的花纹和图案，不仅美观，也富含吉祥的寓意，如福禄寿喜、花好月圆等。

在中秋节的夜晚，家人围坐在一起，一边赏月一边品尝月饼，月饼的甜香与中秋的月光相得益彰，让人感受到节日的甜蜜和家的温馨。同时，月饼也是赠送亲朋好友的礼物，传递着彼此间的关怀和祝福。

除了月饼，螃蟹也是中秋节不可或缺的美食。秋季的螃蟹最肥美，其肉质鲜美，营养丰富。在中国，吃蟹有着悠久的历史，文人墨客常以蟹为题，赋诗作画，赞美其美味。螃蟹的烹饪方式多样，可以清蒸、红烧或做成醉蟹，每一种做法都能展现出螃蟹的鲜美。

文明礼仪

 小贴士

朱元璋与月饼起义

相传中秋节吃月饼始于元代。当时，中原广大人民不堪忍受元朝统治者的残酷统治，纷纷起义。朱元璋联合各路反抗力量准备起义，当时朝廷官兵搜查得十分严密，传递消息十分困难，军师刘伯温便想出一个计策，命令属下把藏有"八月十五夜起义"的纸条藏入饼中，再派人分头传送到各地起义军中，通知他们在八月十五日晚上响应起义。到了起义的那天，各路义军一齐响应，起义军如星火燎原。很快，徐达就攻下元大都，起义成功了。消息传来，朱元璋十分高兴，传下口谕，在八月十五日让全体将士与民同乐，并将起兵时秘密传递信息的"月饼"作为节令糕点赏赐群臣。从此，中秋节吃月饼的习俗便在民间流传开来。

勤俭节约，培育文明风尚

新型中秋节，倡导理性消费，摒弃搞攀比、讲排场、比阔气等不良风气，抵制"天价"和"豪华包装"月饼，拒绝奢侈浮夸和铺张浪费。倡导环保过节，倡议多步行、多骑车、少开车，不燃放烟花和孔明灯，过一个绿色低碳又有传统文化韵味的中秋节。

四、中秋灯谜的智慧与乐趣：猜灯谜的传统习俗

猜灯谜，又称打灯谜，是中国独有的富有民族风格的一种传统民俗文娱活动。在古代，文人墨客常在中秋之夜，挂起彩灯，贴上谜语，邀

请亲朋好友一起参与猜谜，以此展示才情，交流学问。灯谜通常由谜面、谜目和谜底组成，谜面巧妙，谜底隐晦，需要参与者发挥想象力和智慧才能解答。

在现代，猜灯谜的习俗依然被保留和发扬。在中秋节期间，无论是社区、学校还是家庭，都会举办猜灯谜活动。人们用纸制作精美的灯笼，上面挂上各种谜语，既烘托了节日的气氛，又提供了一个展示才华的平台。

猜灯谜活动不仅能够锻炼人们的思维能力，也是一种寓教于乐的方式。谜语内容丰富多样，涉及历史、文化、自然、生活等各个方面，参与者在猜谜的过程中，既能学习知识，又能享受解谜的乐趣。

此外，猜灯谜也是一种社交活动。在猜谜的过程中，人们相互交流，分享解谜的技巧和心得，增进了彼此的了解和友谊。对于孩子们来说，猜灯谜更是一项寓教于乐的游戏，让他们在节日的欢乐中，体验到学习的乐趣。

五、桂花飘香的中秋：赏桂花的传统风情

桂花，又称为"月中之树"，其花朵虽小，却香气浓郁，被誉为"天香"。在中秋时节，桂花盛开，无论是在公园、庭院，还是在街头巷尾，都能闻到那沁人心脾的桂花香。这种香气不仅令人心旷神怡，也与中秋节的意境相得益彰。

赏桂花的习俗源远流长，早在唐代，就有"八月桂花香"的记载。在中秋之夜，人们会走出家门，来到桂花树下，欣赏那金黄色的小花，感受那浓郁的香气。在月光的照耀下，桂花更显得清雅脱俗，仿佛是月宫中的仙树降落人间。

除了赏桂花，桂花还被广泛应用于食品和保健品的制作中。桂花糕、桂花酒、桂花茶等，都是中秋节期间的传统美食。这些食品不仅美味可口，而且寓意着团圆、幸福和健康。在品尝这些桂花制品的过程中，人们能够更加深切地感受到中秋节的文化内涵和生活的美好。

 小贴士

吴刚伐桂

关于中秋节还有一个传说：相传月亮上的广寒宫前有一棵桂树，生长得十分繁茂，有五百多丈高。树下有一个人常常砍伐它，但是每次砍下去之后，被砍的地方又立即合拢了。几千年来，就这样随砍随合，这棵桂树永远也无法被砍倒。

据说这个砍树的人名叫吴刚，是汉朝西河人，曾跟随仙人修道，但是他犯了错误，仙人就把他贬谪到月宫，罚他日日做这种徒劳无功的苦差，以示惩处。唐代诗人李白也曾在诗中提到这一传说，他写道："欲斫月中桂，持为寒者薪。"

线上线下：月到中秋分外明

中秋的缘起，众说纷纭。有说是由于人类生存的需要，产生了祭月、拜月习俗；也有说中秋节起源于我国古代的秋祀——敬土地神；另一说源于古代祭祀日月的宗教习俗。

由于家庭团圆和睦的需要，产生了中秋团聚习俗。这种说法更接地气。中国古代是宗法社会，个体的发展离不开家族的助力，因此中国人自古非常重视血亲联系。历史上，中秋之月与"团圆"意象相结合在唐代已经出现。由于群体归属的需要，民间产生了互赠月饼的习俗。月饼最早出现于北宋，主要为祭月仪式中供奉之用。此外，天人合一也有强大的内驱力，由于身心愉悦的需求，人们产生了赏月习俗，人与自然和谐理念得到强化。据考证，赏月习俗兴起于唐代，在中秋时节赏月怡情、托月寄情成为当时文人士大夫的风尚。

电视、网络等媒体为传统节日增添了信息时代的色彩，晚会套餐自觉地承担了展现民俗、突出各传统节日文化主题的任务，在节目设置和创作中力图融入传统文化元素和民俗元素，以创造传统节日文化语境，并借此强化全世界华人的民族认同及文化认同。现代声光电科技及影像技术的飞速发展，极大地创新了传统中秋节活动的表达手段，使之获得了更为突出的艺术魅力和空前的吸引力。

文明礼仪

重阳节

重阳节是中国民间传统节日，全国各地都有过重阳的习俗。这个在古代被认为是阳气最旺盛的节日，因数字"九"的吉祥寓意而与永恒、健康和长久联系在一起。人们在这一天形成了登高远眺、秋游观景、遍插茱萸、饮菊花酒、吃重阳糕等习俗。如今，重阳节已成为中华民族尊老、敬老、助老传统的文化象征。在老龄社会背景下，重阳节的活动安排与礼仪创新显得尤为重要。

小贴士

晒秋

晒秋是重阳节期间中国南方山区村落特有的农俗现象。由于地势复杂，村庄平地稀少，当地居民便利用房前屋后及自家窗台屋顶来晒挂农作物。这种独特的晾晒方式不仅满足了农业生产的需要，还逐渐演变成一种富有诗意的传统。它不仅展示了村民们与自然和谐共处的生活智慧，也成为画家和摄影家捕捉创作灵感的源泉。晒秋不仅是一种农事活动，更是一种文化传承，体现了人与自然、人与人之间的紧密联系。

一、重阳节的祭祖传统：秋日里的家族追思

祭祖，作为重阳节的核心活动之一，其历史可以追溯到古代的秋祭。在这一天，家族成员会聚集在一起，前往墓地或祠堂，进行庄重的祭拜仪式。这一仪式不仅是对先人的纪念，也是对家族文化和传统的传承。

在广东、海南等地区，重阳祭祖有着独特的表现形式和文化内涵。在广东，重阳祭祖被称为"拜太公山"，这一天对于家族成员来说，是一年中最为重要的时刻之一。潮汕地区的人们会在这一天举行祭祖活动，家境清贫者会选择在重阳节进行总祭，以求得祖宗的庇佑。

祭祖的时间选择也有其特殊的意义。最好选在上午9点到下午3点这段时间，这是一天中阳气最旺盛的时段，被认为可以增强自身的阳气。参与者应以虔诚的态度、素雅的衣着参与祭祖，同时在身上穿戴红色饰品，如红色的内衣、袜子或头绳等，以辟邪保平安。

祭祖仪式中，家族成员会为祖先牌位摆上丰盛的供品，如水果、糕点、酒等，并上香、烧纸钱、放鞭炮，以此表达对先人的敬意和追思。这些仪式虽然简单，但却充满了对家族历史的尊重和对先人精神的传承。

随着时代的发展，重阳节祭祖的习俗也在不断地被赋予新的内涵。在现代社会，祭祖不仅是对先人的纪念，更是一种对家族凝聚力和文化认同的强化。通过祭祖活动，家族成员之间的联系得以加强，年轻一代也有机会了解家族的历史和传统。

文明礼仪

重阳新风尚

敬老爱老。重阳节也被称为老人节，晚辈应借此机会向长辈表达敬意和爱意，但要注意不要让长辈过度劳累。

防火安全。由于重阳节期间常伴有烧纸钱、燃放鞭炮等传统活动，应特别注意火源的安全管理，避免引发火灾。

遵守交通规则。如果选择驾车前往山区或寺庙等地方庆祝重阳节，应遵守交通规则，将车辆停放在指定地点。

二、重阳登高的古风新韵：秋日登高的文化体验

登高，作为重阳节的传统活动，其起源可以追溯到古代。古人认为，秋天是阳气最旺盛的季节，而数字"九"又与"久"谐音，寓意着健康和长久。因此，在重阳节这一天，人们会结伴登高，以期达到强身健体、延年益寿的效果。

在秋日的阳光下，人们登上山顶或高楼，远眺四周的景色，感受秋天的凉爽和宁静。登高的过程中，人们不仅可以欣赏到美丽的自然风光，还可以呼吸到新鲜的空气，享受身心的放松和愉悦。

登高活动在不同地区有着不同的表现形式。在一些地方，人们会在山顶举行野餐、赋诗、作画等活动，以此来庆祝重阳节。在其他地方，人们则会在登高的同时，佩戴茱萸、插菊花，以此来驱邪避祸，祈求健康。

随着时代的发展，重阳登高的习俗也在不断地被赋予新的内涵。在现代社会，登高不仅是一种传统的庆祝活动，更是一种亲近自然、追求

健康生活的方式。越来越多的人选择在重阳节这一天，走出家门，参与到登高的活动中来，享受秋日的美好。

此外，重阳登高也被视为一种表达孝心的方式。在秋意盎然、气候宜人的日子里，晚辈与老人一同进行登高旅行，不仅能够增进家庭成员之间的感情，也能够表达对长辈的尊敬和关爱。

三、重阳节的敬老美德：传承孝道的文化实践

重阳节，这个在中国传统文化中具有深远意义的节日，不仅是登高赏秋的时节，更是一个弘扬敬老美德、传承孝道的重要时刻。自1989年被正式定为"敬老节"以来，重阳节已成为中华民族尊老、敬老、助老的传统文化象征。

文明礼仪

敬老，是中华民族的传统美德之一，而重阳节提供了一个特定的社会时机，让人们有机会向长者表达敬意和感激。在秋意渐浓、菊花盛开的季节，人们通过各种形式的活动来表达对老人的关怀和尊敬，这些活动不仅包括家庭聚餐，还有社区组织的敬老活动和公共敬老仪式。

在中国，孝道是一种深入人心的道德规范，它强调对长辈的孝顺和尊重。重阳节的敬老活动，是对这一道德规范的具体实践。在这一天，子女们会陪伴老人外出登高、赏菊，或在家中举行家庭聚会，共同享受天伦之乐。这些活动不仅让老人感受到家庭的温暖，也让年轻一代有机会学习如何表达对长辈的敬爱。

敬老的精神在现代社会中依然具有重要意义。随着社会的发展和人口老龄化的加剧，尊老敬老的传统在维护社会和谐、促进代际交流方面发挥着重要作用。通过重阳节的敬老活动，人们被提醒要关注老年人的精神和物质需求，促进社会的道德建设和文化传承。

此外，重阳节的敬老活动也有助于强化社区的凝聚力。在社区层面，通过组织敬老座谈会、健康讲座、文化演出等活动，不仅丰富了老年人的精神生活，也让不同年龄层的居民有机会相互交流和理解，共同营造一个和谐、尊重的社会环境。

《人民日报》：陪伴是最大的孝心

一项调查显示，仅四成网友回家吃饭、陪伴父母。重阳节至，"给父母做菜"的活动，也引发许多共鸣。有人感慨，飞过大半个中国陪母亲吃夜宵，"所有的幸福都在锅里冒泡"。然而，重阳节之后，子女如何在老人的日常生活中"刷"出存在感，仍是个问题。

老龄化、"独一代"、流动时代、"指尖"社会……当这些元素叠加在一起，我们看到的，不仅有"空巢老人""异地养老"的心酸与烦恼，还有现代节奏下两代人相处模式的变化。或许，我们无力改变"分离两地"的状态，也无必要重拾"几代同堂"的方式，但至少可以让父母感受子女的存在，获得精神上的慰藉。比如，陪父母来一次家庭旅行，帮老人组织一次老友聚会……除了逢年过节给老人"送点啥"，更重要的是日常生活中替他们"想点啥"，帮他们"做点啥"。

老吾老以及人之老。信息时代，子女可以利用更多技术手段，和老人一起分享彼此的生活。转型社会，我们更需把这份孝心扩展到身边的老人，让他们在变老的过程中不再孤独。

四、重阳赏菊与饮菊花酒：秋日里的文化雅事

赏菊，作为重阳节的传统活动之一，其历史可追溯至魏晋时期。菊花以其傲霜斗寒的特质被视为吉祥长寿的象征。在重阳佳节，人们会走出家门，来到菊花盛开的地方，欣赏那形态各异、色彩缤纷的菊花。菊花的清香随风飘散，为秋日的景色增添了一份生机与活力。

饮菊花酒，则是重阳节的另一项重要习俗。菊花酒，以其独特的草本香气和微微的苦味，被视为重阳节的"吉祥酒"。在古代，人们相信菊花酒具有祛灾祈福的功效，是重阳节必不可少的饮品。人们通常选用盛开的菊花，与糯米、酒曲一同酿酒，酿好的菊花酒既保留了菊花的药用价值，又赋予了酒独特的风味。

在重阳节这一天，家人或朋友会聚在一起，一边欣赏盛放的菊花，一边品尝菊花酒的甘醇。这种习俗不仅让人们在忙碌的生活中找到了放

松与享受的方式，也促进了人与人之间的交流与互动。赏菊与饮菊花酒，成了重阳节中一种独特的文化体验。

随着时代的发展，赏菊与饮菊花酒的习俗也在不断地被赋予新的内涵。在现代社会，这一习俗不仅是对传统文化的传承，也是对健康生活理念的追求。菊花的药用价值被更多人认可，菊花酒也成为健康养生的饮品之一。

五、重阳节佩戴茱萸的习俗：佩戴香草的古老风尚

重阳节，这个在中国传统文化中具有丰富内涵的节日，除了登高望远、赏菊饮酒等习俗外，还有一项独特的传统——佩戴茱萸。这一习俗不仅体现了古人对自然草药的利用，也蕴含着深厚的文化意义和象征。

茱萸，又名"越椒"或"艾子"，是一种常绿带香的植物，具有杀虫消毒、逐寒祛风的功效。在古代，茱萸被视为具有辟邪保健作用的草药。尤其在重阳节这一天，人们会采集茱萸，将其制成香囊或簪饰，佩戴在身上或插在发髻上，以此来驱邪避祸，祈求健康平安。

重阳节佩戴茱萸的习俗，源于古人对自然和季节变化的观察与理解。在秋高气爽、寒意渐浓的九月九日，人们认为佩戴茱萸能够有效抵御寒冷，增强身体的抵抗力。同时，茱萸的香气也能净化空气，带来清新之感。

在重阳节这一天，无论是在山野间登高，还是家庭聚会，佩戴茱萸都成了一种风尚。人们将茱萸装入红布制成的小口袋，或将其编织成花环，佩戴在身上，以此来表达对健康和长寿的祈愿。这种习俗不仅增添了节日的气氛，也成为一种独特的文化景观。

随着时间的推移，佩戴茱萸的习俗在现代社会中依然得以传承。虽

然现代人对茱萸的药用价值有了更深入的了解,但这一习俗更多地被视为一种文化传统和象征,体现了人们对健康、和谐生活的追求。

传统节日振兴工程

习近平总书记明确指出:"坚定文化自信,是事关国运兴衰、事关文化安全、事关民族精神独立性的大问题。"2017年1月,中共中央办公厅、国务院办公厅印发《关于实施中华优秀传统文化传承发展工程的意见》,文件强调要深入开展"我们的节日"主题活动,实施中国传统节日振兴工程,丰富春节、元宵、清明、端午、七夕、中秋、重阳等传统节日文化内涵,形成新的节日习俗。

一个国家的文化软实力,从根本上说,取决于其核心价值观的生命力、凝聚力、感召力。培育和弘扬核心价值观,有效整合社会意识,是社会系统得以正常运转、社会秩序得以有效维护的重要途径,也是国家治理体系和治理能力的重要方面。

第五章 法定节庆礼仪

我们要注意把我们所提倡的与人们日常生活紧密联系起来，在落细、落小、落实上下功夫。要按照社会主义核心价值观的基本要求，健全各行各业规章制度，完善市民公约、乡规民约、学生守则等行为准则，使社会主义核心价值观成为人们日常工作生活的基本遵循。

——2014年2月24日习近平在十八届中央政治局第十三次集体学习时的讲话

文明礼仪

元旦

元旦，最早始于三皇五帝，唐房玄龄等撰写的《晋书》已有记载。

元旦，作为公历新年的第一天，即1月1日，是世界上多数国家的法定节日。自1949年中华人民共和国成立以来，元旦被正式定为中国的法定节日。"元"代表着开始，"旦"意味着日子，因此"元旦"寓意着"初始之日"，象征着新的开始和希望。

元旦不仅是迎接新年到来的重要时刻，也是展现社交礼仪、增进人际关系的良好机会。在元旦期间，无论是拜访亲友、参加社交聚会，还是通过互联网进行社交互动，我们都应该秉持尊重、友好的原则，注意自己的言行举止。

一、拜访亲友

在元旦拜访亲友无疑是一种温馨而传统的社交活动。它不仅是对亲情和友情的维系，更是对新年伊始美好祝愿的传递。要使拜访成为一次愉快的经历，一些基本的礼仪是不可或缺的。

（一）提前通知：尊重与准备的开始

在计划拜访亲友之前，要提前通知对方。通过电话或短信的方式，向对方询问并确认合适的拜访时间，这不仅避免了意外打扰，也体现了

第五章 法定节庆礼仪

对对方的尊重。提前通知还能为双方提供充足的准备时间，确保拜访过程的顺利和愉快。

（二）悦耳问候：温馨的节日祝福

在拜访亲友时，一句温馨的问候是拉近彼此距离的桥梁。使用充满热情和真诚的语言向亲友传达新年的祝福和喜悦，能够迅速营造出温馨和谐的节日氛围。简单的"祝你元旦快乐"或"新年好"，不仅传递了美好祝愿，还能让亲情和友情在新年的第一天就得到加深和升华。

（三）礼品赠送：心意与考虑的体现

选择和赠送礼品是拜访中的重要环节，它不仅是对亲友的一份心意，也是对他们喜好和需求的考虑。精心挑选的礼品，无论是玩具、书籍，还是酒品、饮料及土特产，或者是适合中老年人的保养品，都应该体现出送礼者的用心和对接收者的尊重和关心。同时，礼品的价值应适中，避免因过于贵重而造成对方的心理负担。

（四）尊重隐私：个人空间的保护

在拜访亲友的过程中，尊重他们的隐私至关重要。在交流时，注意话题的选择，避免涉及过于私人或敏感的问题。在亲友家中，遵守他们的生活规则和习惯，不擅自进入私人空间或翻动私人物品，展现出对他人隐私的尊重和保护。

（五）拜访结束：礼貌的告别

拜访结束时，礼貌的告别同样重要。在离开前，向主人表达感谢之情，对他们的款待和陪伴表示感激。告别时的礼貌用语和行为，不仅为此次拜访画上完美的句号，也为未来的交往打下良好的基础。

二、参加社交聚会

在元旦这个充满欢声笑语的节日里,社交聚会成为了人们欢聚一堂、共同庆祝的重要方式。无论是家庭聚会、朋友聚会还是职场聚餐,这些活动都是我们社交生活的重要组成部分。要使社交聚会成为一次愉快和难忘的经历,遵循一定的礼仪规范是必不可少的。

(一)准时到达:尊重与效率的体现

在社交聚会中,准时到达不仅是对主办方和其他参与者的基本尊重,也是个人时间管理能力的体现。提前规划行程,预留可能的延误时间,确保能够在预定时间内优雅地出现在聚会现场。若因故晚到,则应提前通知主办方,减少他人的等待与不便,展现出个人责任感和对活动的重视。

(二)礼貌待人:构建和谐社交氛围

在与会的每一位宾客中,无论年龄大小、地位高低,都应以礼相待,使用恰当的称呼。与长辈交流时,要表现出谦逊和敬意;与平辈交流时,要真诚和友好;与儿童交流时,则要耐心和温柔。此外,与陌生人的初次接触,更需展现出开放和友好的态度,用礼貌的用语和行为,为建立良好的第一印象打下基础。

(三)穿着得体:展现个人品位与场合适应性

选择合适的着装是对社交聚会性质和场合的尊重。休闲聚会中,可以穿着较为轻松的服饰,展现个性与舒适;而在更为正式的职场或商务聚会中,则应选择得体的职业装或正装,体现出专业形象和对活动的重视。衣着的选择不仅反映了个人品位,也是对社交礼仪的遵循。

(四)饮食节制:健康与礼仪的双重体现

在享受聚会上的美食时,饮食节制是健康生活方式的体现,也是对

文明礼仪

社交礼仪的遵守。适量选择食物，避免过量饮酒，不仅有助于保持身体健康，也能避免可能因饮食不当带来的尴尬。同时，注意菜品的选择和数量，遵循"好事成双"的传统习俗，为聚会增添一分圆满和谐。

❺ 言行举止：塑造良好社交形象

在聚会中，你的一言一行都可能成为他人评价的依据。因此，保持得体的言行，避免过度喧哗或不恰当的玩笑，展现出你的成熟与稳重。在享受节日的欢乐时，也要确保自己的行为不会对他人造成不便或不适。

 小贴士

元旦的来历

"元旦"的诞生，最早始于三皇五帝。唐房玄龄等人撰写的《晋书》记载："颛帝以孟春正月为元，其时正朔旦立春。"即在颛顼时代就开始将春季第一个月——农历正月定为"元"，初一为"旦"，这个月的初一恰逢立春。古代把日月相会叫"朔"，这天于是就叫"朔旦"。为了区别于其他月份，后人就把元月的"朔旦"改称"元旦"。"元"有肇始、第一的意思；"旦"是象形字，上面的"日"代表太阳，下面的"一"，代表地平线。"旦"即太阳从地平线上冉冉升起，象征一天的开始。人们把两个字合起来，就引申为新年开始的第一天。商、周、秦皆推崇本朝，认为"王者得政，示从我始"，因此各朝代都对元旦日期改弦更张，使元旦从正月初一依次推移到十月初一、冬月初一、腊月初一。

辛亥革命之后，中国开始同时使用夏历与公历。因此，人们将正月初一称之为春节；将公历1月1日称之为新年。"元旦"这一名称，仍然没有被启用。直到1949年9月27日，中国人民政治协商会议第一届全体会议决定：将阳历1月1日定为"元旦"。

 **小贴士**

元旦讲究"好意头"

在新的一年中,多吃寓意吉利的水果,例如可以吃苹果,寓意"平平安安";吃橙子,寓意"称心如意";吃火龙果,寓意"日子红红火火"。

不吉利的话要尽量少说。在元旦,大家都会互相祝福,如果说一些不吉利的话,可能会引起别人的不适,让人听了心里不舒服。元旦是团圆节,多说些吉利的话,这样新的一年也会开开心心、顺顺利利。

三、互联网送祝福

在互联网时代,元旦的祝福不再局限于面对面的交流。通过网络,我们可以跨越地域的限制,向远方的亲朋好友发送节日的问候。无论是通过社交媒体发布状态,还是发送电子邮件,每一条信息都是对感情的珍视。

(一)文明用语:网络交流的礼仪

网络空间虽是虚拟的,但交流的礼仪同样重要。使用文明、友好的语言,不仅能够营造一个积极健康的网络环境,也是对接收者尊重的体现。在元旦这样的节日里,一句简单的"新年快乐",可以温暖人心,传递正能量。

(二)保护隐私:网络安全的防线

在享受网络便利的同时,我们更应警惕个人信息的安全。不泄露自己的隐私信息,也不随意分享他人的数据,这是对自己和他人负责的表现。在发送节日祝福时,也要注意不要在公共平台上透露过多个人信息,

文明礼仪

以保护个人隐私安全。

(三)尊重版权：知识产权的维护

在网络上分享文章、图片或视频时，我们应尊重原创者的版权。无论是引用一段话，还是转发一张图片，都应注明出处，避免侵犯他人的知识产权。这不仅是对创作者的尊重，也是维护网络环境秩序的重要一环。

(四)慎重评论：网络言论的责任

在社交媒体上发表评论时，我们应慎重对待。特别是在节日期间，一句过激或不恰当的评论，可能会伤害他人，甚至引发不必要的争议。在表达观点前，先送上节日的祝福，用平和的语气、理性的态度，进行交流和讨论。

 小贴士

各国人民如何庆祝元旦

元旦，作为一个庆祝新的开始和希望到来的全球性节日，各国庆祝的方式各具特色，体现了丰富多彩的文化元素以及各自的传统和情感表达。

在美国，元旦代表了新的开始和希望。每年元旦前夕，成千上万的人聚集在纽约市时代广场，倒计时迎接新年的来临。

英国最著名的元旦庆祝活动要属伦敦的元旦游行。游行汇聚了各种各样的表演和花车，展现了英国文化的多样性。此外，英国还有一个古老的传统，就是跳进海水中，迎接新年的第一个日出。这一举动寓意着洗净旧年的不幸，迎接新一年的好运。

法国的元旦庆祝活动更加注重美食、美酒和家庭团聚。人们通常会在元旦的前一天开始举行盛大的晚宴，围桌痛饮香槟酒，相互致以新年祝福。

韩国的元旦庆祝活动包括祭拜祖先、进行祈祷仪式以及家庭团聚，食用年糕汤等韩国传统食物。

在日本，人们通常在这一天去寺庙祈福，祈求来年平安和好运。一种名为"初日升"的传统活动也很受欢迎，人们会赶在太阳升起之前，聚集在海边或山上观看日出，象征着新的开始。此外，吃年糕和举行家庭宴会也是日本元旦的传统习俗。

在俄罗斯，人们在元旦之夜相互拜访，举行盛大晚宴，品尝伏特加和香槟，一同观赏绚烂的烟花表演。

文 明 礼 仪

妇女节

妇女节,即每年的3月8日,是一个具有深远历史意义的国际性节日。它起源于1857年,当时美国纽约的制衣女工和纺织女工勇敢地走上街头,抗议恶劣的工作条件和低工资,要求改善自己的境遇。这一行动激发了全球范围内对女性权益的关注。1910年,国际社会主义妇女代表大会在哥本哈根举行,正式将3月8日定为"国际劳动妇女节",以此纪念女性在争取平等权利和尊严的斗争中所展现出的勇气和决心。

妇女节不仅是纪念女性在争取权益道路上所付出的艰辛与努力，更是对她们在经济、政治和社会各领域所取得成就的认可。在中国，妇女节前夕，中华全国妇女联合会会（下文简称"全国妇联"）开展"全国三八红旗手标兵"和"全国三八红旗集体"等评选活动，表彰那些在各自领域做出杰出贡献的中国女性，以此弘扬她们的精神。

小贴士

中国妇女的最高荣誉

"全国三八红旗手标兵""全国三八红旗集体"的评选表彰开始于1960年。60多年来，全国已经有众多优秀女性和先进集体获此殊荣。她们以中国女性特有的勤劳与智慧，在不同时期为经济建设和社会发展做出了重要的贡献，与男性共同创造着中华民族灿烂的文明，赢得了全社会的赞誉和尊敬。实践证明，中国妇女不愧是推动国家经济发展和社会进步的一支伟大力量，不愧是改革开放和现代化建设的"半边天"。

由全国妇联组织的全国三八红旗手（集体）评比表彰活动，迄今已有几十年历史，其表彰对象均是各个时期为国家建设作出杰出贡献的先进妇女典型，是全国专项表彰妇女先进人物的最高荣誉，一般每4～5年集中评比表彰一次。

文明礼仪

一、女士优先

女士优先不仅是国际礼仪中的一项重要原则,更是一种对女性的尊重和照顾的体现。这一原则要求在各种场合下,男性应主动为女性提供便利和帮助,无论是在行动上的礼让,还是在细节上的关怀,都应体现出绅士风度。

（一）社交场合的礼让：展现绅士风度

在社交场合中,男士应主动为女士开门、让座,以及在行走时让女士先行。这些行为不仅是对女士的尊重,也是展现男性教养和风度的机会。例如,当男女同行时,男士应走在靠近车辆的一侧,以保护女士的安全；在进入或离开房间时,男士应为女士开门,并让女士先行。

（二）餐饮礼仪：尊重与关怀的融合

在餐饮场合,女士优先的原则同样适用。男士应在女士入座后再坐下,并在点菜时先让女士选择。此外,男士应主动为女士拉椅子、挂外套等,这些小细节都能让女士感受到被尊重和关怀。

（三）交通工具上的礼让：安全与便捷的保障

在乘坐交通工具的时候,男士应当根据具体情况和环境,灵活地决定是否让女士先上车或先下车。比如,在车辆非常拥挤的时候,或者女士携带大件行李的情况下,男士应该主动伸出援手,让女士先上车或者协助她们安全下车,这既展现了对女士的细致关怀,也彰显出绅士风度。在乘坐轿车时,如果由男士担任驾驶者,其夫人或女伴通常会坐在副驾驶位置,这不仅出于安全考量,更是对她们的一种尊重。

二、尊重女性意识想法

妇女节不仅是庆祝女性在社会各个领域所取得成就的日子,更是表彰她们对社会、家庭、国家所做出贡献的时刻。这个节日提醒我们，应当尊重和欣赏女性，无论在经济、政治还是社会领域，她们都发挥着不可或缺的作用。

（一）尊重女性：超越节日的意识

尊重女性不应仅限于妇女节这一天，而应成为我们日常生活的一部分。这意味着在每一天的交流与互动中，我们都应该避免性别歧视，杜绝发表恶意挖苦或歧视性的言论。我们应当注意自己的语言和行为，确保它们不会伤害到女性的感情或尊严。

（二）倾听女性声音：促进平等对话

在各种讨论和决策过程中，我们应当积极倾听女性的声音，给予她们平等表达意见的机会。这不仅是对她们的尊重，也是推动社会进步和创新的重要途径。通过倾听和理解，我们可以更好地认识到性别多样性的价值，从而促进更加全面和包容的社会发展。

（三）支持女性发展：提供机会与资源

为了促进性别平等，我们应当支持女性的职业发展和个人成长，为她们提供必要的机会和资源。这包括提供教育机会、职业培训、领导力发展等，帮助她们实现自我价值和职业抱负。

（四）维护女性权益：反对歧视与不公

在维护女性权益方面，我们应当积极反对任何形式的性别歧视和不公。这意味着我们要确保在工作场所提供平等的就业机会，在社会中倡导公平待遇，以及在法律上保障女性的合法权益。

（五）庆祝妇女节：展现尊重与感激

在妇女节这一天，我们可以通过各种形式的庆祝活动来表达对女性的尊重和感激。无论是组织专题讲座、举办艺术展览，还是开展社区服务活动，都是展现我们对女性贡献的认可和庆祝的方式。

三、礼品选择要得体

选择礼品是一种细腻的情感表达，它不仅仅是物质的赠予，更是对接收者个性、喜好和价值的尊重。在妇女节这样特殊的日子里，一份精心挑选的礼物能够传递出对女性的深深敬意和感激之情。

（一）考虑喜好：个性化的选择

在挑选礼品时，首先要考虑女性的个人喜好。无论是化妆品、衣物、香水还是保健品，每一样都应贴合她们的品位和需求。个性化的选择体现了送礼者的用心和对女性独特性的认同。

（二）体现心意：真诚的情感投入

礼品的价值不在于价格，而在于其中蕴含的心意。一份手写的贺卡、一束精心挑选的花束或是一次心与心的交流，都能让女性感受到送礼者的真诚和温暖。心意的传达往往比物质本身更能触动人心。

（三）价值适中：平衡的艺术

在选择礼品时，要考虑到礼物的价值，避免过于廉价或过于昂贵带来的尴尬。适中的价值体现了对女性的尊重，既不会让她们感到是一种负担，也能恰当地表达出送礼者的感激和敬意。

（四）包装精美：细节的关怀

礼品的包装也是不可忽视的一部分。精美的包装不仅能够增加礼物的吸引力，更是对细节的把握和对女性审美的尊重。用心的包装，能够让收礼者在收到礼物的瞬间就感受到被重视。

（五）送礼的时机与方式：恰当的表达

送礼的时机和方式同样重要。在妇女节这一天，选择一个合适的时机，以一种恰当的方式呈上你的礼物，能够让这份礼物更加有意义。无论是私下的赠送还是公开的表彰，都应考虑到女性的感受和舒适度。

四、女性员工福利多

在庆祝三八妇女节时,许多企业和单位都通过各种方式表达对女性员工的尊重和关怀。

(一)半天假期:尊重与关怀的体现

在妇女节这一天,许多企业和单位为女性员工提供半天的假期,这不仅是对她们辛勤工作的认可,也是对她们个人时间的尊重。这样的安排让女性员工有机会放松身心,享受属于自己的时光,体现了企业对员工福利的重视和对女性员工的特别关怀。

(二)举办活动:庆祝与团结的平台

妇女节期间,企业或社区举办的各类活动,如座谈会、文艺演出等,为女性员工提供了一个展示自我、交流思想的平台。这些活动不仅增强了团队的凝聚力,也让女性员工感受到来自集体的温暖和支持。

(三)开展培训:提升与成长的机会

为了提高女性员工的综合素质,许多单位会专门开设培训课程,如礼仪培训、职业技能提升等。这些培训课程帮助女性员工在职场上更加自信,提升她们的专业能力和社交技巧,为她们的职业发展打下坚实的基础。

(四)健康讲座:关爱与健康的倡导

妇女节期间,健康知识讲座的举办,如"关爱女性健康,倡导健康生活"等主题,旨在提高女性员工的健康意识和自我保健能力。通过专家的讲解和互动,女性员工能够了解到更多关于健康生活的知识和方法,从而更好地关爱自己。

文明礼仪

（五）社区互动：参与与共享的体验

社区层面的妇女节活动，如线上线下的互动活动，为女性员工提供了更广泛的参与机会。这些活动不仅让女性员工感受到社区的关怀，也让她们有机会与更广泛的群体交流和分享，拓宽视野，增强社会参与感。

（六）福利政策：权益与保障的强化

企业或单位在妇女节期间推出的福利政策，如健康检查、保险福利等，是对女性员工权益的进一步保障。这些政策体现了对女性员工福祉的关注，增强了她们的安全感和归属感。

 小贴士

"妇女能顶半边天"的由来

国际劳动妇女节，又称"联合国妇女权益和国际和平日"或"三八妇女节"，是全世界劳动妇女团结战斗的光辉节日。

1955年，贵州民主妇女联合会刊物发表了《在合作社内实行男女同酬》的文章，表彰实行男女同酬的第一村——堡子村。毛泽东主席看到文章后批示，号召全国农业合作社向堡子村学习，之后又提出"妇女能顶半边天"的口号。

毛泽东自青年时期就开始关注妇女解放问题，他的这些早期见解和女性观念使他在领导革命、改革、建设时高度重视妇女问题。

"妇女能顶半边天"的口号从此响彻全国，响彻在每一位中国女性心中。性别平等与妇女发展是人类追求公平、正义与平等的永恒主题，是社会文明进步的衡量尺度，是人类实现可持续发展的重要目标。中国始终坚持男女平等的宪法原则，将男女平等作为促进国家社会发展的一项基本国策，不断完善法律法规，持续推进性别平等与妇女发展。

刘菊妍获得全国三八红旗手标兵称号

2024年3月3日，全国妇联在北京举行纪念三八国际妇女节暨表彰大会。大会表彰了10名全国三八红旗手标兵、300名全国三八红旗手、200个全国三八红旗集体。其中，广东省有1人获全国三八红旗手标兵称号，10人获全国三八红旗手称号，6个集体获全国三八红旗集体称号。

广州医药集团有限公司副总经理兼总工程师刘菊妍获得全国三八红旗手标兵称号，她打造了中药制药过程技术与新药创制国家工程研究中心，攻克多项中药制药工艺技术落后及高端制剂原辅料缺乏等行业难题，树立了国内科技成果转化的标杆，推动广药集团成为全球首家以中医药为主业进入世界500强的企业。

文明礼仪

劳动节

　　劳动节，即五一国际劳动节，是全世界劳动人民团结奋斗的象征。它起源于1866年5月1日，美国芝加哥的工人阶级为了争取更合理的工作时间——8小时工作制，勇敢地举行了大规模的罢工。这场斗争虽然经历了流血和牺牲，但最终取得了胜利。为了纪念这一伟大的胜利，1898年7月，恩格斯领导的第二国际在巴黎举行代表大会，正式将5月1日定为国际劳动节。自此，"五一"成为全世界劳动人民团结奋斗的节日。

　　在中国，五一劳动节不仅是国家的法定节日，也是向所有劳动者致敬的重要日子。每到五一劳动节，全国各地都会举办一系列丰富多彩的庆祝活动，以表达对劳动者的尊重和感谢。

小贴士

中国庆祝劳动节可追溯至1918年

五一劳动节标志着劳动者通过斗争，用顽强、英勇不屈的奋斗精神争取到了自己的合法权益，是人类文明民主的历史性进步。这个节日不仅是对工人阶级斗争胜利的纪念，也是对全世界劳动人民的尊重和表彰。劳动节庆祝活动包括集会、游行等，旨在弘扬劳动精神，表彰劳动英雄，提高劳动者的福利和保障劳动者的权益。

在中国，庆祝劳动节的活动可追溯至1918年，当时一些参加革命的知识分子向群众散发介绍五一劳动节的传单。1920年5月1日，北京、上海、广州等城市的工人群众举行了声势浩大的游行、集会。中华人民共和国成立后，于1949年12月将5月1日定为法定的劳动节。

一、尊重劳动者

劳动者是社会运转不可或缺的基石。从干净整洁的街道到我们日常享用的瓜果蔬菜，每一份劳动成果都凝聚着劳动者的辛勤与汗水。尊重劳动者，不仅是对他们工作成果的认可，更是对他们付出的敬意。

（一）常怀感恩之心：珍视劳动成果

我们应当常怀感恩之心，珍视劳动工作者的付出。无论是在日常生活中，还是在特定的节日如五一劳动节，都应表达我们对劳动者的感激之情。通过实际行动，如节约资源、减少浪费，来体现我们对劳动成果的尊重。

（二）抵制不良风气：营造良好劳动环境

在尊重劳动者的同时，我们还应该抵制那些好逸恶劳、贪图享受、

不劳而获的不良风气。通过树立正确的价值观，我们可以营造一个积极向上、勤奋劳动的社会环境。

（三）劳动者的权益：保障与提升

尊重劳动者还体现在保障他们的合法权益上。无论是规定合理的工作时间、支付公平的薪酬福利，还是提供安全的工作环境，都是对劳动者基本权益的维护。企业和政府都应采取措施，不断提升劳动者的工作条件和生活水平。

优秀劳动者评选与表彰

在我国，每年的五一劳动节，为表彰优秀劳动者，央视会举行盛大的晚会，各个社会团体，政府机构，也都会对优秀员工进行表彰。

2024 年在五一国际劳动节来临之际，中华全国总工会印发《关于表彰 2024 年全国五一劳动奖和全国工人先锋号的决定》，表彰在各行各业各个领域充分发挥主力军作用，为发展新质生产力、推动高质量发展作出巨大贡献的一大批忠诚尽职、勇于创新、甘于奉献的先进集体和先进个人。

2024 年 4 月 28 日上午，庆祝五一国际劳动节暨全国五一劳动奖和全国工人先锋号表彰大会在北京隆重召开，授予在中国特色社会主义建设中做出突出贡献的劳动者和企事业单位、机关团体 255 个全国五一劳动奖状和 1088 个全国五一劳动奖章，并有 1034 个全国工人先锋号受到表彰。广东省共有 14 个单位获全国五一劳动奖状，58 名职工获全国五一劳动奖章，47 个集体获全国工人先锋号。

第五章　法定节庆礼仪

文明礼仪

二、开展劳动教育

劳动教育是塑造个人价值观和社会责任感的重要途径。它不仅仅是传授劳动技能,更是培养对劳动的尊重和热爱,以及通过劳动实现自我价值和社会贡献。

(一)培养劳动习惯:从小事做起

劳动习惯的培养应从日常生活的点滴做起。无论是家务劳动、学校清洁,还是社区服务,都应鼓励每个人参与其中,体验劳动的过程,享受劳动带来的成果和满足感。

(二)劳动与学习相结合:知行合一

劳动教育应与学习紧密结合,实现知行合一。通过实践活动,将理论知识应用于劳动中,加深对知识的理解和掌握,同时也培养解决实际问题的能力。

(三)劳动教育的多样性:适应不同年龄和需求

劳动教育应根据年龄和需求的不同,采取多样化的教育方式。对于儿童,可以通过游戏和简单任务培养劳动兴趣;对于青少年,则可以通过社会实践和志愿服务深化劳动体验。

(四)劳动教育的社会支持:家庭、学校和社区的合作

劳动教育需要家庭、学校和社区的共同努力和支持。家长应成为孩子的榜样,学校应提供劳动教育的课程和机会,社区则应提供实践平台和资源。

(五)劳动教育的长远影响:培养终身劳动者

劳动教育的最终目标是培养终身劳动者,即那些无论在何种职业和生活中都能保持劳动热情、勤奋工作并不断追求创新的人。这种教育对个人的全面发展和社会的持续进步具有深远的意义。

三、欢度五一假期

五一劳动节是全世界劳动人民的节日，它不仅是对劳动者辛勤付出的庆祝，也是对他们贡献的认可。这个假期是对劳动者的尊重和赞誉，是社会对他们工作价值的肯定。

（一）休息与放松：劳动者的权益

五一假期为劳动者提供了休息和放松的机会。在这段时间里，劳动者可以暂时放下工作，享受与家人和朋友相聚的时光，恢复体力和精神，为接下来的工作生活充电。

（二）参与庆祝活动：社区的联结

五一假期期间，各地会举办丰富多彩的庆祝活动，如文艺演出、体育比赛等。这些活动不仅丰富了劳动者的假期生活，也加强了社区成员之间的联系和团结。

（三）志愿活动的参与：社会责任的体现

五一假期也是参与志愿活动的好时机。许多劳动者选择在这段时间参与志愿服务，如帮助社区清洁、参与公益活动等，这体现了他们对社会的责任感和对劳动价值的深刻理解。

（四）家庭聚会与拜访：亲情与友情的加深

利用五一假期，劳动者可以回家与亲人团聚，或拜访朋友，加深亲情和友情。这些聚会和拜访不仅是对个人情感的滋养，也是社会和谐的重要组成部分。

文明礼仪

风向标

大力弘扬劳模精神、劳动精神、工匠精神

"民生在勤，勤则不匮。"劳动最光荣、劳动最崇高、劳动最伟大、劳动最美丽。

习近平总书记在2020年11月24日全国劳动模范和先进工作者表彰大会上的讲话中指出，在长期实践中，我们培育形成了爱岗敬业、争创一流、艰苦奋斗、勇于创新、淡泊名利、甘于奉献的劳模精神，崇尚劳动、热爱劳动、辛勤劳动、诚实劳动的劳动精神，执着专注、精益求精、一丝不苟、追求卓越的工匠精神。劳模精神、劳动精神、工匠精神是时代精神的生动体现，是前进的强大精神动力。

2023年4月30日，在五一国际劳动节到来之际，习近平总书记向全国广大劳动群众致以节日的祝贺和诚挚的慰问，希望广大劳动群众大力弘扬劳模精神、劳动精神、工匠精神，依靠劳动创造扎实推进中国式现代化。

2024年10月12日，《中共中央 国务院关于深化产业工人队伍建设改革的意见》强调，产业工人是工人阶级的主体力量，是创造社会财富的中坚力量，是实施创新驱动发展战略、加快建设制造强国的骨干力量。

"不惰者，众善之师也。"包括劳动节在内的节假日，已经成为大众集中进行文化娱乐活动的最佳时段。劳动节里"充电"忙，已成为一种新的过节方式与劳动方式。

儿童节

儿童节，亦称为国际儿童节，时间为每年的6月1日。这个节日的背后，承载着深刻的历史记忆与人类共同的道德追求。1942年6月，德国法西斯在利迪策村制造了惨绝人寰的屠杀，16岁以上的男性公民和全部婴儿惨遭杀害。为了悼念这一事件中的受害者，以及全世界所有在战争中失去生命的儿童，1949年11月，国际民主妇女联合会在莫斯科召开会议，决定将每年的6月1日设定为国际儿童节。

儿童节的设立，旨在保障世界各国儿童的基本权利，包括生存权、保健权、受教育权和抚养权。它强调改善儿童的生活条件，反对虐杀和毒害儿童，倡导全社会对儿童的关爱和保护。

一、给儿童送礼物

礼物不仅仅是物质的赠予，更是情感联系的桥梁。一份用心的礼物能够让孩子们感受到被爱和被重视，增强与赠予者之间的情感纽带。

（一）礼物的选择：儿童兴趣的体现

在儿童节这个特殊的日子里，为孩子们挑选礼物是一种表达关爱和祝福的方式。精心选择的礼物应该反映出孩子们的兴趣和爱好。无论是玩具、书籍还是体育用品，都能激发他们的想象力和创造力。

文明礼仪

（二）安全性考虑：儿童福祉的保障

在选择儿童节礼物时，安全性是首要考虑的因素。确保礼物的材质、设计和制造过程都符合安全标准，避免任何可能对儿童造成伤害的风险。

（三）教育性价值：启发智力的发展

礼物除了带来乐趣，还应具有教育价值。选择能够启发儿童智力、促进学习的礼物，如益智玩具、科学实验套装等，可以帮助孩子们在玩耍中学习，培养他们的探索精神和解决问题的能力。

（四）个性化礼物：尊重儿童个性

每个孩子都是独一无二的个体，他们有着不同的个性和喜好。在挑选礼物时，尊重并考虑到每个孩子的个性，选择能够反映他们独特性的礼物，让他们感受到理解和尊重。

（五）适度的价格：避免过度物质化

在儿童节这天赠送礼物时，礼物的价值可高于平时，但不可过高，以免造成儿童的过度物质化。适度的礼物能够教会孩子们珍惜所拥有的，同时培养他们对物质的正确态度。

(六）赠送礼物的仪式感：庆祝成长的时刻

赠送礼物的过程本身也充满了仪式感。在儿童节这一天，通过正式或有趣的方式赠送礼物，可以让孩子们感受到这个节日的重要性。

 **小贴士**

儿童玩具选购安全指南

不要给年龄小的孩子购买带有小零件的玩具。医院每年都会接诊很多将小玩具零件吸入呼吸道的孩子。

玩具不要有过多尖锐的地方，避免给孩子造成伤害。

购买毛绒玩具时，要注意里面的填充物。部分厂商为降低成本，会使用"垃圾棉"填充到儿童毛绒玩具中，在挑选时要仔细识别。

每个孩子体质不同，免疫力不同，尽量让孩子少接触含有重金属的玩具，因为其中的很多成分对孩子的健康不利，可能导致智力发育迟缓、行为异常等问题。

经常让孩子接触色彩鲜亮的玩具，可能会导致孩子的色感变弱。此外，一些鲜艳的玩具可能含有过量的化学染料，这些染料可能对孩子的皮肤造成刺激。

味道刺鼻的玩具可能含有刺激性的物质，很容易刺激儿童鼻黏膜、呼吸道。劣质玩具大多没有经过严格的检验，可能存在甲醛、铅、汞等含量严重超标的情况，因此一定要慎重购买。

二、给儿童放假

儿童节放假不仅是对孩子们的庆祝，更是对他们的尊重。这一天，孩子们可以暂时放下学业，享受属于他们的节日，体验快乐和自由。

（一）家庭团聚：亲情的加深

放假为家庭团聚提供了宝贵的机会。孩子们可以与父母和其他家庭成员共度时光，加深亲情，享受家庭的温暖和乐趣。

（二）休息与放松：身心健康的保障

儿童节放假也是对孩子们身心健康的关注。在这一天，孩子们可以远离日常的学习压力，得到充分的休息和放松，这对他们的身心健康至关重要。

（三）自由活动：个性与兴趣的发展

放假让孩子们有更多的自由去探索自己的兴趣和爱好。无论是户外游戏、阅读还是绘画，孩子们可以根据自己的喜好安排活动，这有助于他们个性的发展和兴趣的培养。

（四）安全教育：假期中不可忽视

在儿童节放假期间，安全教育同样重要。家长和学校应教育孩子注意假期安全，包括交通安全、预防溺水等，确保孩子们能够安全愉快地度过假期。

（五）假期计划：合理安排的重要性

家长和孩子们应共同制订假期计划，合理安排假期时间，确保孩子们在享受假期的同时，也能有所收获。

（六）社会参与：培养责任感和参与感

鼓励孩子们在假期参与社会活动，如社区服务、环境保护等，这不仅能够丰富他们的假期生活，还能培养他们的社会责任感和参与感。

三、给儿童举办活动

儿童节不仅是庆祝孩子们的节日，更是他们成长过程中的重要时间节点。通过举办活动，可以为孩子们提供展示自我、发展兴趣和社交互动的平台。

（一）活动的多样性：满足不同兴趣

儿童节活动应涵盖丰富多样的内容，以满足不同孩子的兴趣和需求。从文艺演出到体育竞赛，从科学探索到艺术创作，每一项活动都应精心设计，激发孩子们的参与热情。

（二）家庭参与：亲子互动的加强

鼓励家庭成员参与儿童节活动，这不仅能够加强亲子间的互动，还能让孩子们感受到家庭的支持和关爱。家长的参与对于孩子们来说是极大的鼓励和支持。

（三）安全第一：保障孩子们的安全

在策划和执行儿童节活动时，安全始终是首要考虑的因素。要确保活动场地的安全、活动设施的可靠性，以及应急预案的完备性，为孩子们提供一个安全的活动环境。

（四）教育意义：寓教于乐

儿童节活动应具有教育意义，通过寓教于乐的方式，让孩子们在参与活动的同时学习新知识、新技能。这不仅能够提升孩子们的学习能力，还能培养他们的团队合作精神和社交技巧。

（五）多主体合作：资源共享与社区凝聚力

儿童节活动往往需要多主体的广泛参与和支持。通过与社区、机构、企业和其他组织的合作，可以共享资源，提高活动的质量和规模，同时增强凝聚力和活力。

（六）尊重儿童意见：倾听孩子们的声音

在策划儿童节活动时，应尊重并倾听孩子们的意见和需求，让他们参与到活动的策划和决策过程中，这样不仅能让活动更贴近孩子们的期望，也能培养他们的参与意识和决策能力。

文 明 礼 仪

 小贴士

硝烟中的儿童节

在抗日战争时期,中国晋察冀边区有数十万抗日儿童团团员,其中包括著名的抗日小英雄王二小、解放隆化战役中的先烈董存瑞等人。这些儿童团员在艰苦的岁月里,担负着"宣传抗日""站岗放哨送书信"等任务,还帮助八路军割草喂马、为前线送干粮、破坏日军交通干线,有力地支援了抗战。

当年的儿童团团员回忆说,只要日本人不来"扫荡",县里、区里都会组织儿童节活动,开大会。有时举行唱歌比赛,有时组织操练。几个村的儿童团还相互较劲,看谁歌唱得好、操练得整齐。得了优胜还有奖品,通常是铅笔等。这些活动不仅给孩子们带来了欢乐,也增强了他们的团结精神和革命意识。

在战火纷飞的年代,儿童团的成立不仅给孩子们的生活带去了乐趣和希望,还壮大了抗日队伍的力量。他们通过各种方式参与抗战,如站岗放哨、送情报等,利用自己年纪小、不被注意的特点,深入敌后,出色地完成任务。

 小贴士

世界各地的儿童节

新加坡 每年10月第一个星期五,是新加坡的儿童节。当天,孩子们放假,大人们也放假,以便有时间陪伴孩子。在儿童节当天,新加坡最大的国家游乐场会制定一条特殊规定:小朋友购买全票,大人则购买半票。这样的安排让孩子们体验到了做大人的乐趣,也让大人们重温了童年的欢乐时光。

第五章　法定节庆礼仪

土耳其　4月23日是土耳其的"国家主权及儿童日"。这个节日是土耳其国民大会的召开日期，也被定为儿童节。在这一天，政府会邀请其他国家的小朋友来做客，共同庆祝这个特殊的日子。

墨西哥　墨西哥的儿童节在每年的4月30日。在这一天，幼儿园会为孩子们举办一场欢乐的聚会。聚会上摆满了玩具和糖果，一些商场也会针对儿童举办促销活动或赠送糖果，让孩子们感受到节日的喜悦。

英国　英国的儿童节在每年的7月14日。在这一天，家长们会被邀请至学校参加庆祝活动。他们需要带一些玩具或食品和孩子们一起参加义卖活动。通过这些活动，孩子们不仅感受到社会的温暖，还学会了关爱他人。

瑞典　瑞典的儿童节分成"男孩节"与"女孩节"。8月7日是"男孩节"，又叫"龙虾节"。这一天，男孩们要打扮成龙虾的样子，并由父母带着去捕龙虾，以此来培养男孩坚韧不拔、吃苦耐劳的坚韧品格。12月13日是"女孩节"，又叫"露西娅女神节"。这一天，女孩们都会打扮成露西娅的模样，力所能及地帮助周边人，以彰显女神的优良品质。

巴西　巴西的儿童节在8月15日，这一天正好也是巴西"全国防疫日"。儿童节与防疫日合为一天，让巴西人更加关注儿童健康，也让孩子们从小树立起健康意识。

越南　越南的儿童节与中秋节合并在一起庆祝。在这一天，家长们会带着孩子去游乐场和公园玩耍，孩子们能收到各种各样的礼物。据说，越南的儿童节是父母为了在农忙之后补偿孩子而设立的。

世界各地的儿童节虽然庆祝方式和日期各不相同，但都充满了欢乐和温馨。这些节日不仅让孩子们感受到了社会的关爱和家庭的温暖，也让他们更加珍惜童年时光。

国庆节

举国同庆,五洲欢腾。就节庆类型来看,国庆节是纪念类的政治节日,是共和国诞生的见证与产物,本质上是国家庆典,即相对于春节、中秋这样的传统节日而言,它是一个神圣庄严的政治节日。礼仪教育与规范显得十分重要,它是国事,也是公民之事。

一、节日来历与当下意义

1949年10月1日,北京30万军民在天安门广场举行隆重典礼,中央人民政府主席毛泽东庄严宣告中华人民共和国中央人民政府成立。

1949年10月9日,中国人民政治协商会议第一届全国委员会第一次会议召开。会议通过了"以10月1日为中华人民共和国开国的国庆日"的建议案。这一提议得到了毛泽东的赞同。1949年12月2日,中央人民政府委员会第四次会议接受全国政协的建议通过了《关于中华人民共和国国庆日的决议》,决定每年10月1日为中华人民共和国宣告成立的伟大日子,为中华人民共和国国庆日。1949年12月23日,中央人民政府政务院第十二次政务会议通过《全国年节及纪念日放假办法》,规定国庆节放假两天。由此,"十一"便成为中华人民共和国历史上具有重大意义的政治符号。

第五章 法定节庆礼仪

　　国庆节是国家独立、主权和尊严的象征，代表着中华人民共和国的正式成立，标志着国家的诞生以及独立和主权的确立。同时，国庆节也是体现民族团结、国家统一的重大庆典活动，有助于引导人们树立正确的民族观，铸牢中华民族共同体意识，增进各民族对伟大祖国、中华民族、中华文化、中国共产党、中国特色社会主义的认同，形成各民族同呼吸、共命运、心连心的牢固精神纽带。

文 明 礼 仪

此外,国庆节也是加强国际交流与合作的重要契机。我国政府通常会借此机会举办国庆招待会等活动,邀请外国使节和国际友人参加,旨在增进各国之间的了解和友谊,促进国际合作与交流,从而为国家的和平与发展营造良好的外部环境。

国庆节前后的活动频繁而紧密,万众瞩目,这是一个很好的礼序天下的时机,也是一个很好地提高全民礼仪素养的时机。媒体应该精细报道礼仪、专题报道礼仪、全链报道礼仪,以促进社会主义核心价值观的落实、落细,入眼、入心。

 小贴士

国旗国歌国徽的由来

国家的形象构建从来都是一个大问题,世界各国都十分重视这一问题。对内解释政权、对外展示国家形象的需要,运用独特的符号语言去诠释国家形象,于是国旗、国歌、国徽应运而生。

国旗:我国的国旗是五星红旗。1949年7月,新政治协商会议筹备会向全国以及海外侨胞征得2992幅国旗方案,通过反复挑选,最后投票选出由上海"现代经济通讯社"的曾联松设计的五星红旗方案。中华人民共和国国旗旗面为红色象征革命。旗上的五颗五角星及其相互关系象征共产党领导下的革命人民大团结。四颗小五角星各有一角正对着大星的中心点,表示围绕着一个中心而团结。国旗的通用尺度有五种,各界根据需要选用。

国歌:我国的国歌是《义勇军进行曲》。1935年,剧作家田汉为《义勇军进行曲》填写歌词,聂耳谱曲后,《义勇军进行曲》迅速在人民中传唱开来。这首歌曲凝聚着中华儿女的怒吼和爱国主义精神。1949年9月

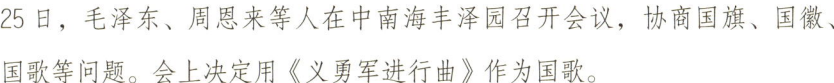

25日，毛泽东、周恩来等人在中南海丰泽园召开会议，协商国旗、国徽、国歌等问题。会上决定用《义勇军进行曲》作为国歌。

国徽：1949年7月10日，新政治协商会议筹备会拟就《征求国旗国徽图案及国歌辞谱启事》，对国徽设计提出要求："（甲）中国特征；（乙）政权特征；（丙）形式须庄严富丽。"1949年9月25日，毛泽东、周恩来在中南海丰泽园召开会议，协商国旗、国徽、国歌等问题。这次会议上，大家对国徽应征图稿都不满意。毛泽东最后说："国旗决定了，国徽是否可慢一点决定，原小组还继续设计，等将来交给政府去决定。"1949年9月27日召开的新政协第一届全体会议，讨论并通过了国旗、国都、纪年、国歌4个决议案。大会主席团决定，邀请专家另行设计国徽图案。清华大学和中央美术学院收到了政协的邀请，分别组成了由建筑学家梁思成、林徽因领导的清华大学营建系设计组和以美术家张仃为首的中央美术学院设计组，展开设计竞赛。

1950年6月20日，国徽审查小组召开会议，最后一次评审清华大学营建系与中央美术学院分别提出的方案，最终确定清华大学营建系梁思成、林徽因等8位教师设计的国徽方案中选，并送政协大会表决。此后又根据周恩来总理的意见，改进了国徽的稻穗细部形象。

1950年6月23日，全国政协一届二次全体会议上，毛泽东主席主持通过决议，同意国徽审查组的报告和所拟定的国徽图案。9月20日，毛泽东主席签署中央人民政府命令，公布中华人民共和国国徽图案及说明："国徽的内容为国旗、天安门、齿轮和麦稻穗，象征中国人民自'五四'运动以来的新民主主义革命斗争和工人阶级领导的以工农联盟为基础的人民民主专政的新中国的诞生。"

二、尊重国旗、国歌、国徽

中国古代就有"援礼入法"的理念，即在礼治的框架内引入"法"作为礼治的辅助和补充。这种制度化建设的引入，在很大程度上克服了纯粹礼治可操作性较差、执行力较弱的缺点，极大地增强了礼法并治的执行力和适应力。

《中华人民共和国国旗法》《中华人民共和国国歌法》和《中华人民共和国国徽法》就是这样的法律，它们以礼治的方式维护国旗国歌国徽的尊严，规范其使用场域与流程；尊重国旗、国歌、国徽，并知行合一，有利于增强公民的国家观念，弘扬爱国主义精神，培育和践行社会主义核心价值观。

（一）国旗升降的规制

《中华人民共和国国旗法》（1990年10月1日施行）规定，中华人民共和国国旗是五星红旗。中华人民共和国国旗是中华人民共和国的象征和标志。每个公民和组织，都应当尊重和爱护国旗。

（1）升挂国旗，应当将国旗置于显著的位置。列队举持国旗和其他旗帜行进时，国旗应当在其他旗帜之前。国旗与其他旗帜同时升挂时，应当将国旗置于中心、较高或者突出的位置。

（2）在直立的旗杆上升降国旗，应当徐徐升降。升起时，必须将国旗升至杆顶；降下时，不得使国旗落地。下半旗时，应当先将国旗升至杆顶，然后降至旗顶与杆顶之间的距离为旗杆全长的三分之一处；降下时，应当先将国旗升至杆顶，然后再降下。

（3）不得升挂或者使用破损、污损、褪色或者不合规格的国旗，不得倒挂、倒插或者以其他有损国旗尊严的方式升挂、使用国旗。

（4）不得随意丢弃国旗。破损、污损、褪色或者不合规格的国旗应当按照国家有关规定收回、处置。

（5）大型群众性活动结束后，活动主办方应当收回或者妥善处置活动现场使用的国旗。国旗及其图案不得用作商标、授予专利权的外观设计和商业广告，不得用于私人丧事活动等不适宜的情形。

（6）国旗应当作为爱国主义教育的重要内容。中小学应当教育学生了解国旗的历史和精神内涵、遵守国旗升挂使用规范和升旗仪式礼仪。

（二）国歌奏唱的规制

举行升旗仪式时，应当奏唱国歌。在国旗升起的过程中，在场人员应当面向国旗肃立，行注目礼或者按照规定要求敬礼，不得有损害国旗尊严的行为。《中华人民共和国国歌法》（2017年10月1起施行）还规定：

（1）国家倡导公民和组织在适宜的场合奏唱国歌，表达爱国情感。

（2）奏唱国歌，应当按照本法附件所载国歌的歌词和曲谱，不得采取有损国歌尊严的奏唱形式。

（3）奏唱国歌时，在场人员应当肃立，举止庄重，不得有不尊重国歌的行为。

（4）国歌不得用于或者变相用于商标、商业广告，不得在私人丧事活动等不适宜的场合使用，不得作为公共场所的背景音乐等。

（5）中小学应当将国歌作为爱国主义教育的重要内容，组织学生唱国歌，教育学生了解国歌的历史和精神内涵、遵守国歌奏唱礼仪。

（三）使用国徽的规制

《中华人民共和国国徽法》（1991年10月1日施行），其中的重要规定需要严格遵守：

（1）国徽及其图案不得用于：商标、授予专利权的外观设计、商业广告；日常用品、日常生活的陈设布置；私人庆吊活动；国务院办公厅规定不得使用国徽及其图案的其他场合。

（2）不得悬挂破损、污损或者不合规格的国徽。

（3）需要悬挂非通用尺度国徽的，应当按照通用尺度成比例适当放大或者缩小，并与使用目的、所在建筑物、周边环境相适应。

《中华人民共和国爱国主义教育法》（自2024年1月1日起施行），第六条就将"国旗、国歌、国徽等国家象征和标志"列入爱国主义教育的主要内容。新时代新征程，必须在全社会广泛而深入地开展爱国主义教育，进一步凝聚强国建设、民族复兴的磅礴伟力。

 小贴士

世界各国的国庆节

国庆节是每个国家最重要的节日之一，各国国庆节的名称与庆祝活动有所不同，但爱国主义教育是每一个国家都十分重视的。以下是一些国家的国庆节庆祝方式及其背后的意义：

英国并没有一个法律意义上统一的国庆节日期，通常会将女王的法定生日视为国庆日。例如，已故英国女王伊丽莎白二世的生日为4月21日，但考虑到伦敦4月的气候欠佳，因此将每年6月的第二个星期六定为"女王官方诞辰日"。在这一天，英国通常会有花卉园艺展览和皇家军队阅兵仪式。

1789年7月14日，巴黎人民攻占了巴士底狱，推翻了君主政权，掀起了法国大革命。从此，这一天被永久地镌刻在法国的历史长河中，成为法国的国庆日。每年的这一天，法国总统都会举行特赦仪式，除此之外，还会有烟火表演、阅兵仪式等活动。

美国以7月4日独立日为国庆日。每年的这一天,全国大大小小的教堂钟声齐鸣,各地居民自发地举行庆祝游行。一般情况下,参加游行的民众可以选择各式各样的妆容,载歌载舞拥上街头。大街上更是成为一片欢乐的海洋,各式彩车、模型车、杂技车等同欢乐的人群一起,组成了浩浩荡荡的游行队伍。

同英国类似,日本习惯将天皇诞生日作为国庆日,因为天皇在日本是国家的象征。在天皇诞生日这一天,日本会举办各种庆祝仪式。在皇宫会进行祝寿的仪式,天皇和皇后在皇宫接受国民的朝贺。此外,全国各地的神社和寺庙也会各自举行天长祭,为天皇祝福。

俄罗斯的国庆节源自1990年6月12日,这一天是俄罗斯苏维埃联邦社会主义共和国最高苏维埃发表《国家主权宣言》的日子,该宣言宣布俄罗斯联邦在其境内拥有"绝对主权"。在国庆节当天,俄罗斯全国各地会举行盛大的庆典活动。其中,莫斯科红场的庆祝最为引人注目,人们身着传统服饰,手持国旗和标语,载歌载舞地走过红场和市中心的主要街道。

三、欢度国庆,"礼"字在前

国庆假期是纪念国家成立的重要时刻,它不仅有利于增强国民爱国情感、促进文化传承与社会团结,还为人们提供休息与娱乐的机会,丰富假期生活。

(一)尊重国旗国歌:参加升旗仪式,认真演唱国歌

在国庆假期期间,如果所在地区有升旗仪式,应积极参与,并遵守现场秩序,保持肃静,表达对国旗的尊重。在适当的场合,如学校、社区组织的庆祝活动中,应认真演唱国歌,不随意篡改歌词,体现对国歌的尊重。

（二）文明出行：遵守交通规则，礼貌待人

在国庆假期期间，出行应遵守交通规则，不闯红灯、不随意变道、不超速行驶，确保交通安全。在公共交通工具上，应主动为有需要的人让座，保持礼貌和谦逊。

（三）培养爱国情怀：参加庆祝活动，观看阅兵式

国庆假期是培养爱国情怀的重要时刻。通过参加各种庆祝活动、观看阅兵式等，人们可以更加深刻地感受到祖国的强大和繁荣，增强民族自豪感和凝聚力。

（四）弘扬正能量：积极传播正面信息，抵制不良行为

在社交媒体上，应积极传播国庆假期的正面信息，如分享庆祝活动的精彩瞬间、赞美祖国的繁荣昌盛等。

四、国庆长假与爱国教育

国庆节是我国的重要政治节日，也是开展爱国教育的良好时机，这就是此一节日的真正含金量之所在。国庆长假的设立（2000年），为人们提供了充裕的时间来参与各种庆祝活动，这些活动往往蕴含着丰富的爱国教育元素；用好它们，可以净化内心、培养心境。

（1）利用国庆契机开展爱国主义教育，要在广大民众心中厚植爱国主义情怀。国旗、国徽、国歌是寄托爱国主义情怀的重要载体。利用国庆契机，开展爱国主义教育，要善于利用国旗、国徽、国歌等有形的载体，在广大民众心中种下爱国主义的种子；让公民在一年一度的国庆节完成对国家日新月异的动态认知与形象迭代。

（2）利用国庆契机开展爱国主义教育，要让广大民众深刻认识到新中国成立以来取得的伟大成就。新中国成立以来，我国发生了举世瞩目、

翻天覆地的历史性变化,从积贫积弱迈向繁荣富强,创造了一个又一个人类发展史上的伟大奇迹。国家形象既可以反映在政治、经济、文化、社会、外交、军事等方面,也可以反映在领土、资源、舆论、交通等方面。凡是能够反映和代表国家综合实力的因素都是国家形象的具体体现。让这些自豪与骄傲因子定向汇集,必将让"道路自信、理论自信、制度自信、文化自信"焕发出耀眼的光芒、必将书写出更加壮丽的篇章。因为,媒体宣传所获得的认知是宏观认知、抽象认知;而用国庆长假去丈量祖国大地的"具身认知"、情境认知,则更为润物无声、历久弥新。

(3)利用国庆契机开展爱国主义教育,要激发广大民众努力奋斗、报效祖国的爱国之志、报国之行。我们的国家之所以能巍然屹立于世界民族之林,是几代中国人团结一心、筚路蓝缕、迎难而上、艰苦奋斗而来的。实现中华民族伟大复兴必须付出更为艰巨的努力。

涓涓细流汇聚成汪洋大海,将每一个人的奋斗汇聚起来,就是国家民族发展的巨大动力。利用国庆契机开展爱国主义教育,就是要让广大民众认识到自己的使命和责任所在,将个人命运与国家命运紧密相连,把个人梦融入中国梦,自觉履行社会责任。

曾经的快闪·全民狂欢·爱国主义教育

快闪是"快闪影片"或"快闪行动"的简称,是国际流行的一种嬉皮行为,被视为一种短暂的行为艺术。简单来说,就是许多人通过网络或其他方式,在一个指定的地点,在明确指定的时间,出人意料的同时做一系列指定行为,然后迅速离开。快闪活动往往能够迅速吸引公众注意，产生广泛的社会影响。

快闪与爱国主义教育可以结合起来，形成一种新颖、生动且富有感染力的教育方式。快闪与爱国主义教育结合起来，能够迅速吸引公众的注意力，使爱国主义教育更加生动有趣。通过快闪行动，可以将爱国主义的情感以更加直观、生动的方式传达给公众，从而激发人们的爱国热情。在爱国主义教育中融入快闪元素，可以促进不同文化之间的交流与融合，使爱国主义教育更加具有包容性和多样性。

广东是快闪的福地与高地，2019年在深圳北站的《我和我的祖国》快闪活动，其转发量、点赞数、弹幕数均居全国第一。单广州市内的高铁站就达五个之多，为快闪提供了得天独厚的优势；此外，大湾区高层次音乐英才与创意策划人才众多，流动人口众多、粤港澳往来频繁、青年占比高、休闲娱乐风气淳厚、治安管理水平高，也为广东复兴快闪、创新新时代的爱国主义教育内容与形式创造了得天独厚的人文条件。

未来广东可以将现场沉浸与二次传播优化并融入岭南水深土厚的文化元素，将快闪打磨成大湾区的文化名片，从而以增强爱国主义教育的针对性、系统性和亲和力、感染力。

第六章 公共场所礼仪

要注意把社会主义核心价值观日常化、具体化、形象化、生活化，使每个人都能感知它、领悟它，内化为精神追求，外化为实际行动，做到明大德、守公德、严私德。

——2014年5月24日，习近平在上海考察时的讲话

文明礼仪

图书馆 博物馆 文化馆 美术馆礼仪

图书馆、博物馆、文化馆和美术馆等文化场所是公民文化生活的重要组成部分。这些场所不仅为我们提供了丰富的知识和艺术享受，也是展现个人文明素养的重要窗口。在这些公共场所，我们应当遵守以下礼仪规范。

一、说话音量要控制

图书馆和博物馆等是学习的圣地，而非社交聚会的场所。在这里，我们必须保持适当的音量，以低声交流，避免打扰到其他访客。即使在美术馆或文化馆中看到令人赞叹的作品，也应保持克制，不在当场发出尖叫或过度的感慨。

二、礼貌询问并致谢

在公共场所，如需征询他人意见或寻求帮助，应使用礼貌的措辞，如以"请问"开始提问，用"麻烦您"表达请求帮助的意愿。在接受他人答复时，应表现出专注和尊重，避免显得心不在焉。问询结束后，应向对方表达诚挚的感谢。

三、电子设备要静音

在需要保持安静的公共场所，我们有责任管理好自己的电子设备，避免铃声或操作声音干扰他人。手机应调至静音模式，并在观看视频或听音乐时使用耳机。在图书馆使用电脑时，也应注意敲击键盘的力度，以免影响周围人的学习和工作。

四、轻手轻脚很必要

在图书馆、博物馆等静谧的公共场所，即使是微小的声响也可能被放大，干扰到他人。因此，我们应采取轻手轻脚的行为准则：走路时步伐要轻而稳定；移动桌椅时，注意轻拿轻放，避免产生刺耳的摩擦声；翻阅书籍时，应控制翻页的力度，减少声响；在书架前查找或放回书籍时，也应轻柔操作，以免打扰周围的人。

五、借阅书刊守规则

图书馆是知识的殿堂，借阅书刊时应自觉遵守图书馆的借阅规则。进入图书馆时，应按次序排队，尊重图书管理人员，主动出示相关证件，并使用文明、礼貌的用语。在借阅高峰期，尤其是人员较多时，更应自觉维护公共秩序，耐心等待。

六、电子阅读要文明

在电子阅览室使用计算机时，我们应坚持健康、安全的上网原则。避免利用互联网浏览或传播反动、淫秽或低级趣味的内容。在网络上发表言论时，应遵守网络管理规定，使用文明用语，注意辨别网络信息的真伪，避免对他人进行人身攻击或传播不实言论。使用公共计算机时，要尊重原有的设置，不要擅自更改程序或设置，也不要随意翻阅他人的文件资料。

小贴士

公共场所注意事项

不吃零食、不喝含糖有色饮料。图书馆、博物馆等公共场所，是我们汲取知识的神圣殿堂，不应当一边学习，一边饮食，这样不利于知识的消化；吃喝所带来的咀嚼声、吞咽声和味道也容易让其他人分神，影响学习者的专注力；同时，吃喝过程中饮料或食物残渣容易掉落在书籍和其他物品上，难以清理甚至导致书籍损坏。

不吸烟。在公共场所不吸烟是一项基本准则。试想人们在学习、欣赏艺术作品的过程中，环绕着他们的是"烟雾缭绕"，这既影响了人们阅读、陶冶情操的体验，还危害了他人的身体健康。

注意卫生。图书馆、博物馆等是公民共同享有的、需要大家共同维护卫生美洁的场所。不随地吐痰是要点之一，杜绝吐痰既减少了工作人员的工作量，也能防止一些疾病的传播；注意个人卫生是要点之二，拿图书馆举例，如若双手不干净，带有污垢，那么就会污染书本，影响他人的阅读体验。

具有保护意识。图书馆的实体书籍是宝贵的资源，其中不乏古籍珍本，在阅读书籍的过程中要时刻注意保护书籍，不随意折页、不撕页、不做标记等。博物馆、美术馆、文化馆收藏着大量宝贵的物质遗产、艺术作品与文化产品，对于文物、艺术作品的保护更是要时刻放在心上。在国外，出现了所谓的"环保人士"，通过往世界名画、雕塑等艺术作品上喷漆，来引起人们对于环保的注意，我们要杜绝这种破坏艺术的激进行为，倡导以文明、理性的方式表达诉求，做具有高度文明礼仪意识的新时代公民。

文明礼仪

文体场所礼仪

　　文体场所指的是用于举办文化娱乐和体育活动的场所。文体场所对礼仪的要求较高，不恰当的行为可能会对文体活动产生负面效果。因此，提高文体场所礼仪素养对于公民、社区以及文娱活动和体育活动本身都至关重要。也就是说，在文体场所，每位观赏者都是活动的一部分，他们的礼仪行为直接关系着文娱活动的质量和体育竞技的表现，因此对文体场所的礼仪要求应当更加严格。

一、文体场所是落实"八礼四仪"的重要场所

　　青少年是文体活动的核心参与者，或者说今天的青少年就是明天文体场所的主角，更是未来文体活动的主导力量，因此，文体场所的礼仪教育显得尤为重要，它直接关系到文体文化的发展方向与未来。即便是成年人，也应当深入学习并掌握基本的礼仪常识和规范。

　　江苏省推行的"八礼四仪"教育模式就很值得推广。该模式着重培养未成年人的"八礼四仪"，即仪表之礼、餐饮之礼、言谈之礼、待人之礼、行走之礼、观赏之礼、游览之礼、仪式之礼，以及入学仪式、成长仪式、青春仪式、成人仪式。对于没有系统学习过礼仪知识的成年人而言，同样具有很高的实用价值。

二、文娱场所要注意的礼仪

孔子在"六艺"中将礼、乐置于前二的位置,可见礼仪与音乐在传统文化中的重要地位。音乐会这种艺术形式不同于其他娱乐晚会,它不仅是音乐的演奏,更是一种文化的传承和情感的交流,注重展现音乐本体,追求艺术的纯粹和深度。所以,掌握音乐会礼仪,不仅是提升个人文化素养的重要途径,更是一种"有礼走遍天下"的智慧。

(一)观赏之礼

"遵守秩序、爱护环境、专心欣赏、礼貌喝彩"是基本原则,其具体要求有以下几点:

(1)提前入场,对号入座。

(2)不随意走动,不高声讲话。

(3)瓜皮果壳放入垃圾袋,自觉带离场馆或送入垃圾箱中。

(4)不站立和在过道观看。

(5)观看结束有序离场,不拥堵通道、出口。

(二)行走之礼

行走稳健,与音乐环境契合;不急速奔走,影响音乐会典雅情境。具体要求有以下几点:

(1)有序排队,不拥挤、不插队。

(2)上下楼梯靠右行,不上蹿下跳,不并排前行,不推挤他人。

(3)乘自动扶梯靠右站立,空出左侧通道。

(4)不乱按电梯的按钮。

(三)保持绝对安静

保持绝对安静,不影响演员演出。全场观众的需求都是全身心地投入到音乐欣赏中,因此音乐会间发出的任何噪音都是一种不礼貌的行为,而且声响也会影响到作品的完整性与表演者的心情。

（四）适时鼓掌

鼓掌一定要谨慎。有时一个较长的作品，段落间的短暂停止只表明情绪或速度的变化，此时不能鼓掌。在乐曲真正结束时，指挥会有一个收束动作：收拍前，指挥者往往会做一定的预示，左手上提，意在暗示，然后轻轻下落，画一个圈，结束全曲。此时，才能热烈鼓掌。

（五）献花礼仪

如果想给自己喜爱崇拜的演奏者献花，需要联系工作人员，由他们安排献花机会与时间；不能独自贸然上台献花。

（六）尊重与自律指南

（1）不要迟到，如果迟到就要等到乐章间隔时再入场落座。

（2）在音乐厅里面不能接听电话，应该把手机调成静音或关机状态。

（3）着正式的服装进音乐厅，避免穿拖鞋、短裤等休闲装，以表达对音乐和演出者的尊重；听音乐会时不能随意走动或大声喧哗。

（4）在音乐厅里未经允许不能随便摄影或摄像的；闪光灯会干扰台上的演奏家的注意力，影响其专注演奏。

（5）中间离场要选择一支乐曲结束时离开座位，最大限度地减少对演奏者和其他观众的影响。

（6）小孩年龄太小（1.2米以下、8岁以下），最好不带其参加音乐会（自律意识差）；若小孩不分场合地吵闹哭泣，要带其离场哄劝。

（7）不使用塑料袋、尽量避免咳嗽、打哈欠、打喷嚏等行为，不故意走动。

（8）尊重演出者知识产权，电子、录音设备等亦不能在音乐厅内使用；更不能同步直播场内音频视频。

西方古典音乐欣赏礼仪

欣赏西方古典音乐需要具备一定的音乐常识和音乐修养。目前在音乐会现场出现的一些礼仪失范现象，需要政府相关部门更好地加强国民关于音乐礼仪的系统性、持续性教育。

西方古典音乐又称严肃音乐，是一种肃穆庄严、有涵养有深度的音乐表演形式。演出时男性音乐家多着黑色燕尾服或西服，女性音乐家常穿齐地长裙，展现出高雅庄严的仪态。西方观众的着装也很有讲究，男士往往西装革履，女士通常穿着华贵的晚礼服搭配名贵的手包。

严肃音乐需要在绝对安静的环境下进行，在演出前和演出进行时不能发出任何噪音，以便演出者集中精力于演奏的乐器或乐曲本身。西方音乐中，很多乐曲的曲式结构是多乐章的，如交响曲、奏鸣曲、套曲等等，乐章之间性格的不同反映的是曲目发展对比与矛盾冲突的变化关系。但很多观众因为缺乏对乐章一体化的认识，且习惯在欣赏中国戏曲、相声、小品等艺术形式的演出时聊天、喝茶、鼓掌喝彩，也选择在西方艺术家演出停顿间隙鼓掌，这种掌声看似热情，实则干扰了演出者的思路，也会影响周围观众对乐曲全局性的把握。

在音乐厅经常会听到这样的提示：请提前十分钟凭票入场，将电子设备调至静音状态，请在音乐会结束之后献花、乐章与乐章之间不要鼓掌等。不过，直到19世纪中期，都没有乐章与乐章之间不能鼓掌的规定，而恰恰相反的是，常常会出现乐章间鼓掌、喝彩的现象，作曲家们也会把这种行为当作衡量作品优劣的标准。时过境迁，如今乐章与乐章之间不要鼓掌的规则要严格遵守。

小贴士

在古代中国，音乐是文人雅士修养必备之物。如古琴、古筝、琵琶、二胡这些乐器，虽多为演奏者自娱或仅供三两知己欣赏，借以陶冶情操、修身养性，但对演奏者和欣赏者的礼仪要求却近乎苛刻。

以"琴棋书画"之首的古琴为例，要求演奏者净手、净琴、净心；听者则需沐浴、更衣、焚香，甚至有"十四宜弹"与"十四不弹"之说。除此之外，古琴在演奏时通常还配有吟诗、品茗、清谈和论道等形式的思想交流。"高山流水遇知音"的文人琴会既是一场雅集，更是古人的文化沙龙。至今令人玩索不尽。

西方的音乐会着装礼仪，随着时代的演变也有了新的要求。如今依旧严格要求着装的，多是一些古典音乐会，如男士必须打领带，有的场合须着燕尾服。总之，着装得体是对与会者的基本要求，亦是尊重高雅艺术的体现。

三、体育场所要注意的礼仪

体育场所是一个公共场所和集体场所，任何一点失礼表现都会在众目睽睽之下被放大，甚至通过现场直播而影响更广泛的观众。这种失礼行为的影响可能是多方面的：小则损害个人形象，大则影响整个赛场观众的观感和情绪，甚至可能影响运动员的竞技表现与成绩。因此，体育场所的礼仪至关重要，体育场所的礼仪内容丰富、细微精致，且不同的体育项目有不同的礼仪要求。为此，本节化繁为简，从以下五个方面进行梳理，方便人们"知用"。

（一）实体礼仪

所谓的实体礼仪，就是着眼于结果导向而提高礼仪素养，比如体育比赛有时与听音乐会一样，该保持安静时一定要绝对安静，该为运动员热烈鼓掌时要热烈鼓掌。不要影响运动员热身准备，也不要吝啬为运动员加油助威喝彩。与此同时，作为"观赏共同体"之一员，一定要充分考虑其他观众的感受，充分尊重其他观众的观感，共同营造一个文明观赏环境、互动环境。最后，还要注意体育场馆的公共卫生，当我们离开时，"除了脚印，什么都不要留下；除了开心，什么都不要带走"。

心中常怀对运动员和其他观众的尊重爱护公共卫生，"己所不欲，勿施于人"，那么我们的"实体礼仪"就能真正落实、落细、落微了。礼仪作为一种制度规范和价值载体，具有成风化人的教化功能。

（二）程序礼仪

礼仪是一个过程，它既是一种时间叙述，也是一种空间叙述。在进入体育场所之前、之时、之后，礼仪都要如影随形。比如着装得体、配合安检等都是进入体育场所之前的基本礼仪，它主要靠个人自觉执行，所以提高公民的礼仪素养，势在必行。如果对某些礼仪内容感到陌生，可以上网搜索查询。

程序礼仪的关键节点有三步：入馆之时，提前或准时入场，礼让老幼，服从指挥，对号入座。观看比赛时，要当内行观众，该喝彩时再喝彩；要当文明观众，不要喝倒彩。如果你是啦啦队员，要严格遵守啦啦队的纪律与集体安排。比赛中，若要提前退场，在不打扰他人的情况下，悄悄离开；比赛结束时，向双方运动员鼓掌致意。退场时，按座位顺序，向最近的出口缓行；应主动将饮料瓶、果皮果核、报纸等杂物带出场外。

小礼仪，大风范。自觉遵守赛场礼仪能维护赛场秩序，树立个人、集体和国家的良好形象，使运动员充分发挥水平，使观众充分享受比赛的快乐。钱穆先生曾强调说"礼是中国文化之心"。以"礼"为心也代

文明礼仪

表了中华文明与其他世界文明的区别。体育场馆的礼仪就是"窗口礼仪",任何一个节点都要做实、做优,并且要养成"从我做起"的良好习惯。推动全社会形成适应新时代要求的思想观念、精神面貌、文明风尚、行为规范,就要从"小礼仪"做起。

(三)室内礼仪

室内是一个封闭的空间,"礼序天下"显得尤为重要。要排队有序入场、排队有序退场。有些室内比赛有着装要求,需要严格遵守,规范执行。观赏比赛时,更要显示出专业、文明、理性。退场时的"顺手保洁"环节也至关重要,因为室内的卫生清理打扫任务更为艰巨,文明退场可助力场所的洁净与保养。

与听音乐会一样,体育比赛何时喝彩?一般来说,有以下几个时间节点:在选手出场和介绍选手时;赛场上精彩时刻的一刹那;选手完成自己的表演后;在选手克服困难,努力坚持比赛时。

比如田赛项目:当运动员开始跳跃、投掷项目的助跑时,可根据运动员的助跑节奏击掌;在跳高项目比赛中,当运动员最终未能越过更高的高度结束比赛时,也应向运动员报以热烈的掌声。

(四)室外礼仪

室外礼仪主要指的是观看"径赛项目"的礼仪要求。

观看中短跑项目比赛时,当裁判发出各就各位的口令时,观众应该立刻保持安静。

观看长距离跑项目时,对于被前面的选手远远抛在后面的运动员,观众也应该把鼓励的掌声送给他们。这是精神文明之礼。

观看马拉松和竞走比赛时,要自觉站在安全线外观看比赛,严禁横穿比赛路线,严禁擅自给运动员递送物品,严禁翻越护栏等道路安全设施。否则影响到比赛的正常进行，就是最大的失礼。

（五）体育场所唱国歌礼仪

规范、普及国歌奏唱礼仪，对于激发人们的爱国情感、培育和践行社会主义核心价值观，具有重要意义。

奏唱国歌时，应着装得体，精神饱满，肃立致敬，有仪式感和庄重感；自始至终跟唱，吐字清晰，节奏适当，不得改变曲调、配乐、歌词，不得中途停唱或者中途跟唱；不得交谈、击节、走动或者鼓掌，不得接打电话或从事其他无关行为。

国歌奏唱仪式开始前应当全体起立；比赛中遇奏国歌的情况，在不违反竞赛规则的前提下，应当遵循裁判指示暂停比赛活动。

（六）体育场所礼仪负面清单

近距离观看某些项目的比赛，如射击、射箭、短跑、乒乓球、羽毛球、台球、网球等，要将手机调成振动或静音，关掉相机的闪光灯，以免干扰运动员的注意力。

遇见自己喜欢的知名运动员要热情礼貌地打招呼，不要围观，不要强行合影、签名，不要影响其正常投入比赛。

如果认为裁判不公，不可起哄，要冷静克制，不要做出有损国格、人格和违背体育精神的举动。

观看游泳比赛时馆内严禁吸烟，不可使用闪光灯，裁判员发令时不可鼓掌欢呼及发出噪音，以便运动员听清发令声。

观看跳水比赛时，在运动员走上跳板或跳台时，应保持安静，以免干扰运动员的起跳和比赛节奏。

观看体操比赛，在运动员做动作时不可鼓掌，应保持场上安静。

观看篮球比赛，既为己方运动员加油，也为对方的精彩表演喝彩；

不往场内扔杂物，不能用哨声干扰裁判员的哨声，不能晃动荧光棒干扰罚球运动员罚球。

观看足球比赛，要有组织、有节奏、有气势地为运动员喝彩助威；不喝倒彩，不用恶劣的语言攻击谩骂运动员、教练员、裁判员；不携带明令禁止的物品入场，不往场内投掷杂物。

观看排球比赛时，当比赛用球飞到观众席时，请捡起交到赛场工作人员处，不应直接扔回场内，更不可把比赛用球当作纪念品留下。

观看射击比赛时，不要随意走动，尤其不要误入禁区，以免发生危险；运动员瞄准时一定要保持安静，以免干扰运动员的注意力。

观看射箭比赛，要严格遵守纪律，到指定地点就座，不要随意走动，更不要擅入禁区，以免发生意外。

观看自行车比赛时，要选择一个安全的位置，不要超越隔离区，不要进入场内或赛道。

观看马术比赛时，不要向场内乱扔物品，以免打伤马匹、骑手；禁止在现场发出刺耳的尖叫声，以免马匹受到惊吓，影响比赛的正常进行。

观看举重比赛时，从选手触碰杠铃开始，就要进入绝对安静状态，不要发出声响，以免分散选手的注意力。

观看花样滑冰比赛，如果想在比赛中拍照，就必须关掉闪光灯。如果选手正在做这些难度动作的时候被看台上的闪光灯晃了眼，很有可能会发生危险。

第六章 公共场所礼仪

 小贴士

观看网球比赛的礼仪要求

网球赛场要求安静的观众秩序。进入赛场后，首先要关闭手机或者将铃声调成振动，比赛过程中不大声喧哗，照相机不要使用闪光灯。

即使选手的比赛打得再精彩，观众也不能在任何时间随意鼓掌喝彩，一定要等一个球死球之后再鼓掌或者喝彩，鼓掌的时间也要适可而止，因为选手在准备发球的时候现场要保持安静，如果现场迟迟不能安静下来，选手就不会发球，也有选手向裁判提出抗议。

在网球的比赛过程中，观众是不可以任意走动的。去洗手间或买水等，最好在选手休息的时候，在一个球成为死球的时候再回到座位上。

如果选手把球打到观众席上，观众应该将球退回去。否则，如果没到换球时间的话，比赛会因此而中断，直到观众退回球或是等到换球时间。

在一场比赛中，网球的换球次数是有规定的，一般为单数局换球，不同的比赛换球局有细微的差别。在高水平比赛中，每个球的弹性以及和地面摩擦后掉毛的情况都是不同的，重量和弹起高度在高手眼中也是有差别的，所以比赛中选手会严格按照比赛的规定换球，中途一般不愿意换球。

粤风尚

文明观赛注意事项

2010年，广州亚组委请网友选出"十大文明、不文明观赛行为"调查结果显示，73.57%的网友最反感"在排队等候进场时插队"。"家长没有照看好小朋友"排在第二位，占65.38%；"不顾他人感受打电话、手机不调成静音或震动状态"以超过60%的比例排在第三位。此外，对失

文 明 礼 仪

利的运动员喝倒彩、不对号入座、使用不文明或侮辱性言行影响运动员和裁判员、乱扔垃圾、围堵明星运动员索要签名或合照、衣冠不整、毁坏公物等也是网民反感的不文明观赛行为。

调查同时显示,"勇敢指正部分观众的不文明行为"是网友最赞赏的文明观赛行为,占 76.38%。此外,网民赞赏的文明观赛行为还有体谅工作人员、积极为运动员加油助威、观赛呼喊口号符合项目特点、保持赛场清洁、礼貌对待国内外观众、不讲污言秽语、自觉遵守观赛规则及观赛礼仪、尊重帮助残疾人、有序退场等。

医院礼仪

医院作为救死扶伤的重要场所，对每个人来说都有着特别的意义。在医院中，我们的行为举止不仅影响着医疗服务的效率，也关系到其他患者的感受。人们去医院看病，要讲究看病礼仪；住院治疗，要遵循住院礼仪；探望病人时，则应注意探病礼仪。

看病礼仪

一、文明取号　耐心候诊

在医院挂号、就诊、取药时，我们应遵循有序排队的原则，维护医院的清洁和宁静。在候诊过程中，我们需保持耐心，注意听取医院工作人员叫号。当轮到自己时，应以礼貌和轻声细语的方式回应，并迅速前往相应科室，以免影响医生的工作和休息时间，或延长其他患者的等待时间。

文明礼仪

二、实话实说　陈述病情

在接受医生问诊时，我们应在医生提问后，有条不紊地陈述自己的病情。对于病史、症状等信息，我们必须真实告知，不隐瞒、不夸大，也不捏造事实。诚实地向医生报告病情对于确保获得正确诊断和治疗至关重要。任何为了个人利益而欺骗医生的行为，会对医生的诊断造成误导，进而损害自己的健康。

三、尊重医生　信赖医生

在医院，我们应尊重医生的专业能力和判断。如果对诊断结果有疑虑，建议以礼貌和尊重的态度提出问题，请求医生详细解释病理原因。避免因个人预设而频繁地打断医生的工作，或与医生发生不必要的争执。

四、合法合规　解决问题

面对医生可能的失职行为，我们应保持冷静，不应在医院内大声喧哗或制造混乱，这不仅破坏了医院的宁静，也影响了其他患者的休息和康复。正确的做法是通过合法和合规的途径来解决问题，如向医院管理层反映情况，寻求合理的解决方案。

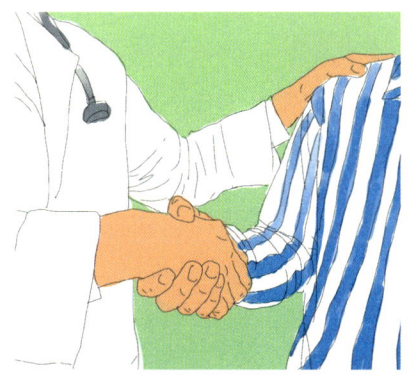

当遇到医院的医疗条件或技术手段无法满足治疗需求时，我们应避免无端指责或谩骂。相反，应主动了解医院的等级和自己的具体病情，咨询医院工作人员关于转院的建议，并根据这些建议积极寻求治疗。

文明礼仪

住院礼仪

在医院住院期间,遵循礼仪不仅能够营造一个和谐的治疗环境,也是对医护人员辛勤工作的一种尊重。

一、配合管理　尊重医护

住院期间,患者应完全听从医生的安排,积极配合治疗。这是对医疗团队专业能力的信任,也是快速康复的关键。遵守医院的规章制度,尊重医护人员的工作,理解他们的辛勤付出。在陪护人数、出入时间等方面遵循医院的管理规定,以确保医院秩序井然。

二、保持安静　整洁卫生

保持病房的安静是每位住院患者和陪护人员的责任。轻声交谈,避免不必要的喧哗,共同营造一个宁静的治疗环境。同时,保持病房的整洁卫生,及时清理垃圾并进行分类,定期对常用物品进行擦拭消毒。

三、谨遵医嘱　悉心照料

陪护人员需严格按照医生的医嘱督促患者服药,认真听取医生的指导。密切关注患者的身体状况,记录病情变化,为医生提供准确的病情信息。合理安排患者的饮食,确保食物清淡健康,既符合医生的要求,又满足患者的营养需求。同时,耐心地开导患者,帮助他们消除焦虑,以积极乐观的心态面对治疗。

探望病人礼仪

去医院探望病人是一种表达关心和支持的方式，但也需要遵循一定的礼仪，以确保不会给病人带来额外的压力或不便。

一、了解病情　尊重隐私

在决定探望病人之前，应先了解病人的病情和治疗情况。例如，病人所患的疾病类型、病情的严重程度、治疗进展以及心理和情绪状态。如果病人患有传染病或处于隔离状态，应遵守医院规定，通过书信或其他非接触方式表达关心。

二、选择时间　避免打扰

确定病人的住院信息后，选择一个合适的时间进行探望。避免在病人需要休息、用餐或接受治疗的时候打扰。如果病人在家休养，选择在午休后的时间探望会更加体贴。为照顾病人休息，谈话和逗留的时间不宜过长。告别时，一般应谢绝病人送行，可询问病人是否有事相托，同时祝愿病人早日恢复健康。

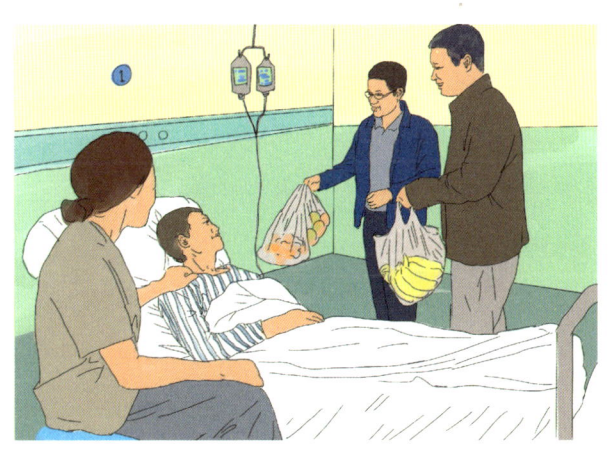

三、挑选礼品　有益健康

根据病人的病情和需要，精心挑选合适的礼品。可以选择一些易于消化、营养丰富的水果，或者根据医生的建议，携带适合病人的保健品和营养品。礼品的选择应体现出对病人健康的关心和对治疗过程的支持。

 小贴士

探望病人：礼品选择的注意事项与建议

人们在看望病人时一般会带去一些鲜花。其实，给病人送花有可能会使病人的病情加重。如香味很浓的花，其花粉可能引起呼吸道过敏；颜色太浓艳的花，会刺激病人的神经，激发烦躁情绪。病人在住院期间，亲友最好不要送花，可适当送些水果以及营养品。

❶ 探望高血压、冠心病、肾炎或高烧病人，宜送含有维生素的清淡食品，如新鲜水果、果汁等。

❷ 探望气管炎、肺气肿等咳嗽、咯血病人，可送有滋养、润肺、止咳功效的核桃、蜂蜜、银耳和梨等。

❸ 探望妇科病、贫血病人及孕产妇，宜送补血的红糖、鸡蛋、鲜虾、奶制品和豆制品等。

❹ 探望肝炎、低血糖等病人，可送糖类、蜂乳、大枣等。

❺ 探望患胃病、十二指肠溃疡的病人，可送些奶制品。

❻ 探望糖尿病患者，可送低升糖指数的食物，比如无糖燕麦片、糙米、圣女果、柚子等。

❼ 探望肿瘤病人，宜送香菇、人参、水果等。

❽ 探望患胆囊炎、胆结石症的病人，不宜送蹄膀、老母鸡和脂肪含量较高的食品。

❾ 探望患急性胰腺炎的病人，因为病人必须禁食，不得送任何食品，要选择其他礼物。

四、谨言慎行　鼓励为主

保持适宜的面部表情和态度。探望病人时，我们应保持轻松和关切的神情，避免因担忧而显得过于紧张。面对病人的治疗设备，如针头、皮管等，不要表现出惊讶或不适，以免无意中增加病人的心理负担。患病期间，人们的心理状态往往更为敏感，因此，我们应尽量通过言行减轻病人的压力。

与家属和医生保持一致性。在与病人交流时，应与家属和医生的口径保持一致，避免在病人面前透露可能影响治疗效果的信息。病人在治疗期间需要稳定的情绪支持，我们的言行应当有助于营造这种氛围。

真诚地关注病人的身体状况。与病人交谈时，应首先询问他们的身体状况和治疗效果，展现出真诚的关心。在交流过程中，保持眼神交流，让病人感受到你的关注和支持，避免分心。

倾听并给予积极的反馈。当病人讲述自己的病情时，要认真倾听，不要显得心不在焉。在谈话中，多使用轻松和宽慰的语言，帮助病人缓解焦虑，恢复平静稳定的心情。

避免提供未经验证的建议。不要向病人介绍未经科学验证的偏方或秘方，也不推荐未经临床实验的药物。我们的目的是为病人提供正面的能量和支持，而不是增加他们的困惑和不安。

使用鼓励性语言，增强病人的信心。在探望过程中，多使用关心和鼓励的话语，帮助病人看到希望，减轻病痛带来的苦恼。通过积极的态度和言语，增强病人战胜疾病的勇气和信心。

文明礼仪

小贴士

独自住院全攻略

❶ 必备材料：门诊医生开具的住院通知单，所有检查材料及医保卡、身份证。

❷ 准备押金：入院需要缴纳一定数额的押金，押金主要用于患者支付住院期间的医

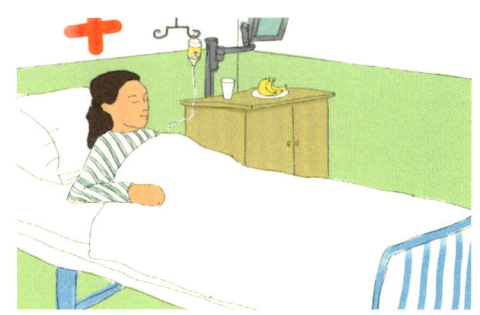

疗费用。住院押金可以通过多种方式支付，如现金、银行卡、微信、支付宝等。在出院时，医院会根据患者的实际医疗费用进行结算，多退少补。即使患者有医保卡，也需要交押金，因为医保卡主要用于门诊和住院费用的结算，而押金则是作为患者自付部分的预付金。

❸ 生活用品：可以准备行李箱1个，纸巾、湿巾，脸盆、防滑拖鞋、洗漱用品、洗衣粉、杯子、护肤品、足够住院时更换的内衣裤、一套出院时可换的衣服、用来解闷的书籍等。

❹ 食物：条件允许，带点爱吃的小食品。医院一般也可以点餐，建议少点外卖，合理安排饮食。

❺ 手术用品准备：盐袋、隔尿垫、便盆等，视情况而定。

❻ 独自住院时，应提前与医院沟通，了解具体的住院流程和注意事项。同时，保持手机电量充足，以便随时联系紧急联系人。住院期间，如有任何不适或需要帮助，请及时告知医护人员，确保安全与健康。

第六章 公共场所礼仪

良好的医患关系是人民健康的保障

近年来,随着我国经济快速发展和社会不断进步,我们的医疗技术和医疗水平也在不断提高,国家加强医院建设并出台了一系列政策,以解决国民"看病难、看病贵"的问题,但是在这种情况下,由患者维权、舆论误导等引发的医患矛盾和医患纠纷仍屡屡出现在媒体头条和大众的视线中,成为人们生活中的焦点问题。

良好的医患关系,需要加强医院管理建设,树立良好的医德医风。医院要健全管理制度,严格落实医疗质量管理制度,防止过度医疗、防御性医疗行为的发生。改善因人事政策的不足而导致的卫生技术人才流失、在岗人员工作量超负荷等问题,从而影响医护人员与患者之间的关系。良好的医德医风,是和谐医患关系的基础,也是医院思想政治工作的重中之重,它直接关系到医院的形象、生存发展及广大患者的健康和生命。晋代杨泉曾说,"夫医者,非仁爱之士,不可托也;非聪明理达,不可任也;非廉洁淳良,不可信也"。我们应传承古时医德医风的优良传统,创建医患新关系。

良好的医患关系,需要相互理解、换位思考,积极沟通与交流。我国人口多,就医患者多,

文明礼仪

而医疗条件有限，可能导致患者就医过程中排长队、就医困难等情况无法得到及时解决。医生应站在患者角度，面对患者的"无理"要求，做出心平气和的科学解释，方可赢得患者的理解和支持。而患者更应该从医生的角度出发，体谅医生看病过程中的压力、风险和辛苦，理性看待一些差错和医疗问题。

良好的医患关系，需要正确的舆论引导和合理的大众监督。医院应该做好危机公关工作，积极与媒体形成良性互动。遇到一些突发情况时，应及时正确地通过媒体发布相关信息，使群众能够及时掌握事情的真相。媒体应客观、公开、公正地报道医疗事件，对医护人员辛苦忘我工作的奉献精神也应予以真实地弘扬、报道。引导患者及公众以正确的态度来对待医疗服务机构的相关工作人员，增强人们对我国卫生事业改革与发展的理解和支持，为医疗卫生工作营造良好的舆论环境。

医护人员是守护生命的天使，他们用知识和善良救死扶伤、无私奉献，从死神手里夺回千万条生命，我们应给予他们关爱和理解，共建良好医患关系，同筑人民健康屏障。

旅游景区礼仪

旅游不仅是一种放松身心的方式,也是我们探索世界、体验不同文化的重要途径。在享受旅游的乐趣时,遵守旅游景区的礼仪同样重要。

一、遵守公共秩序,维护和谐环境

在旅游景点,无论是购票、参观还是使用洗手间,我们都应该遵守排队秩序,避免乱挤乱跑。这不仅体现了个人的文明素质,也是对其他游客的尊重。如果是跟团旅游,应按照导游的安排,有序地完成旅游计划。

二、文明沟通,尊重他人职业

与景区工作人员交流时,使用礼貌的称呼,展现出我们的尊重和友好。与导游沟通时,要尊重他们的职业,避免提出过分要求或发生不必要的争执。听从导游的指挥,不擅自离队。如果对导游的服务有意见,可以以温和的语气提出,展现出理解和宽容。

文明礼仪

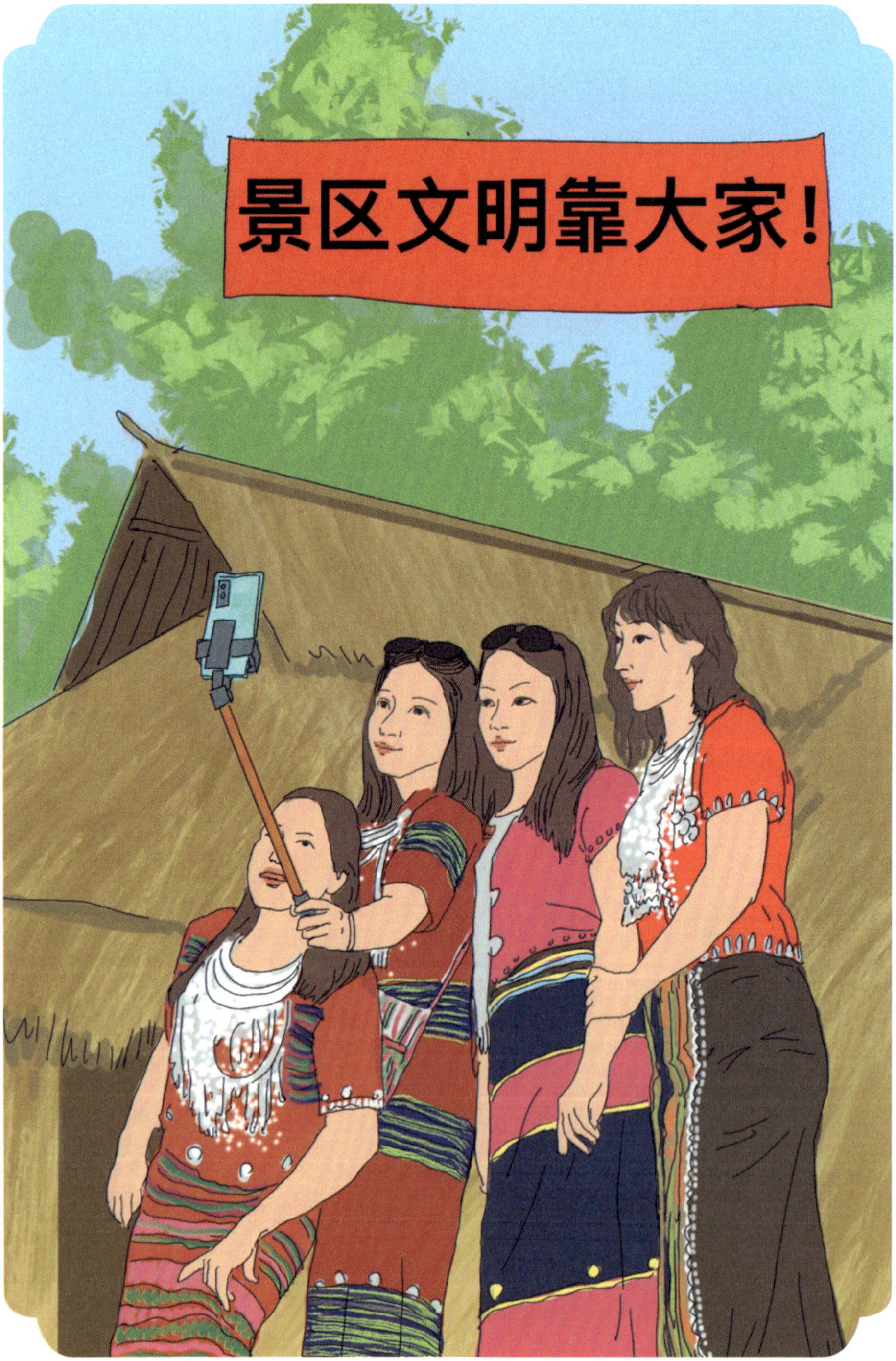

三、合理表达不满，维护自身权益

如果遇到导游严重冒犯或侵犯旅客权利的情况，首先应不卑不亢地提出抗议。如果导游不予理会，可以在旅行结束后，向旅行社、中国旅游协会或中国消费者协会投诉，表达具体诉求，寻求妥善解决。

四、文明交流，展现友好形象

与游客交流时，要注意使用文明礼貌的语言。见面时主动打招呼，使用日常礼貌用语，如"谢谢""请问""借过""打扰了""对不起"等。文明待人，不仅能够获得他人的善意回应，也能展现出我们的良好形象。

五、爱护环境，维护景区整洁

在景区内，我们应遵守不吸烟、不随地吐痰、不乱扔垃圾等基本环保规则。保持环境卫生不仅是对自然环境的尊重，也是对其他游客的考虑。使用公共设施后，如厕所，记得冲洗并洗手，维护公共卫生。

避免从车窗抛掷物品，以免对行人或动物造成伤害。同时，考虑到景区的生态平衡，不建议带宠物进入，以免对野生动植物造成干扰。

对景区内的花草树木要倍加爱护，不攀折、不踩踏，维护自然景观的原貌。同时，不要随意向动物投喂食物或抛掷杂物，尊重动物的自然习性。

文 明 礼 仪

六、尊重历史，保护文物

在文物古迹前，我们应保持敬畏之心，不在古迹上乱涂乱画，不攀爬触摸，遵守拍照摄像的规定。文物是人类历史的见证，具有不可替代的历史、艺术和科学价值。

文物由于其历史性，往往十分脆弱，经不起人为的破坏或自然的侵蚀。它们是历史的幸存者，承载着丰富的历史信息和文化内涵。因此，我们有责任精心呵护这些珍贵的遗产。

文物不仅是国家和民族的文化财富，也是全人类的共同财富。它们对研究历史、教育后人、艺术鉴赏等具有重要意义。保护文物，就是保护我们共同的文化遗产和历史记忆。

保护文物是我们对历史的责任，也是对未来的承诺。每一件文物的损失都是不可逆转的，因此，我们应以高度的责任感，为全人类和后代子孙保护好这些无价之宝。

 小贴士

损坏文物最高罚 50 万元

《中华人民共和国文物保护法》第六十六条规定：刻划、涂污或者损坏文物尚不严重的，或者损毁文物保护单位标志的，由公安机关或者文物所在单位给予警告，可以并处罚款；尚不构成犯罪的，由县级以上人民政府文物主管部门责令改正；造成严重后果的，处五万元以上五十万元以下的罚款。

第六章 公共场所礼仪

"熊孩子"在泰山乱涂 家长道歉

2018年10月9日,有媒体发布新闻——《张某某,你欠泰山一个道歉!泰安不欢迎你这样的游客!》。游客张某某在泰山之巅的古迹摩崖石刻上乱写乱画——"张某某2018年10月3日到此一游"。清楚的黑色字体让泰山古迹摩崖石刻有些"受伤"。摩崖石刻是泰山之巅最著名的文物古迹之一,刻满了历朝历代名人的墨迹。事件经过报道后,很多读者、网友留言,对这种不文明旅游行为表示气愤。

10月11日上午,辽宁省的杨女士联系到此媒体,表示乱写乱画者是自己15岁的孩子,11日晚,杨女士又向媒体发去一封孩子手写的道歉信,向泰山景区和公众诚恳致歉。

文明礼仪

七、爱惜酒店设施，彰显文明行为

我们应爱护酒店客房用品，不损坏公用设施。在酒店内，遵守禁止吸烟的规定，如需吸烟，请移步至指定的吸烟区。

酒店会在客房内放置物品清单，并设置提示标识，提醒客人注意保护酒店物品。例如，"请勿在床上跳跃""请勿在床上吸烟"等。游客应爱惜酒店设施，如果不慎损毁，应与酒店耐心沟通，根据实际情况，给予合理的赔偿。

 小贴士

损坏酒店财物如何赔偿

首先，在进行物品赔偿时，应该遵循物品的损坏程度、物品的使用年限等多方面进行评估来确定赔偿价格，单凭一张赔偿价格表是没有依据的，赔偿金额不能由酒店单方面决定。

其次，在赔偿时，应该对具体的损坏部位进行赔偿，如果损坏的部位可以修复，该物品可以继续使用，则不应该让旅客承担全部物品的赔偿价格，旅客只需要赔偿相应的维修价或零部件的价格即可。

往客房烧水壶里撒尿，游戏主播遭封禁

2021年7月，一位在某平台有着百万粉丝的游戏主播，在入住酒店期间，往烧水壶和洗护用品里撒尿，吐口水，并以视频的形式进行传播，且宣称"几乎每次去酒店都会这么玩儿的"。

此举引发了网友的强烈抵制,并被多家媒体报道,随后该主播账号被平台封禁,而目前该主播已被中国演出行业协会网络表演(直播)分会列入警示名单。

八、尊重当地文化,促进文化互鉴

旅游是深入了解和体验不同文化的重要机会。我们应尊重并积极学习当地的文化习俗,参与文化交流活动,这不仅能够增进对当地文化的理解和认识,也有助于促进不同文化之间的相互理解和融合。

了解并遵守旅游礼仪,不仅能够提升个人的旅游体验,也能够在国际舞台上展现我们的良好形象。通过学习和实践旅游礼仪,我们可以更好地融入不同的文化环境,享受更加丰富和深入的旅游体验。

文明旅游　从我做起

2024年5月19日,是第14个"中国旅游日"。文明是旅游的底色,是最美的风景。自觉维护公共秩序、珍爱生态环境、保护文物古迹等已成为众多游客的自觉行为。但也要看到,养成文明旅游的意识不是一朝一夕之功,乱刻乱画、乱扔垃圾、破坏生态、无视安全底线等不文明现象仍时有发生,这些行为不仅让人大跌眼镜,也大煞风景。

从一些不文明旅游现象来看,有的是游客文明素质不高造成的,而有的则是受客观因素影响。比如,因景区拥挤、排队时间过长等因素,游客易产生负面情绪,做出不当行为。也有的是因为对目的地文化缺少了解,或者软硬件配套不足、服务质量不佳导致的。正因如此,治理不

文明礼仪

文明旅游问题，改变游客的不文明行为，还需通过"多向奔赴"，推进形成文明旅游共识。

《"十四五"旅游业发展规划》专门就推进文明旅游作出部署，提出"整治旅游中的顽疾陋习，树立文明、健康、绿色旅游新风尚";《中国公民文明旅游公约》用简明话语向人们发出倡议:"重安全，讲礼仪；不喧哗，杜陋习；守良俗，明事理；爱环境，护古迹；文明行，最得体。"整治顽疾陋习，树立文明新风，强化游客的公共意识、规则意识、文明意识，是推进新时代文明实践的生动体现，也是推动旅游业高质量发展的必然要求。

第七章 公务活动礼仪

《管子·形势解》：言辞信，动作庄，衣冠正，则臣下肃。言辞慢，动作亏，衣冠惰，则臣下轻之；故曰：『衣冠不正，则宾者不肃。』仪者，万物之程式也。法度者，万民之仪表也。礼义者，尊卑之仪表也。故动有仪则令行，无仪则令不行；故曰：『进退无仪，则政令不行。』

这段文字特别强调了公务场合礼仪的重要性，如果行动不遵礼法、进退不顾朝仪，那么政令就难以畅通。

会议礼仪

一、会议类型与座次安排 —— 体现秩序与尊重的艺术

在公务会议中,座次安排与主席台布局是体现尊重与秩序的重要环节。它们不仅关系到与会者的舒适度,更影响到会议的正式性和权威性。

小型会议的座次安排:小型会议通常指参与人数较少、规模较小的会议。在这种场合,全体与会者的座次安排有三种主要形式:

自由择座:不设定固定座位,由与会者自由选择,体现平等与自由。

面门设座:以面对会议室正门的位置为主席之座,其他与会者在其两侧依次就座,体现秩序与尊重。

依景设座:会议主席位置背依会议室内的主要景致,如字画或讲台,其他与会者排座方式与面门设座相似,体现环境与位置的和谐。

大型会议的主席台布局:大型会议通常指参与人数众多、规模较大的会议,主席台与群众席的区分是其最大特点。主席台的布局需要细致安排,

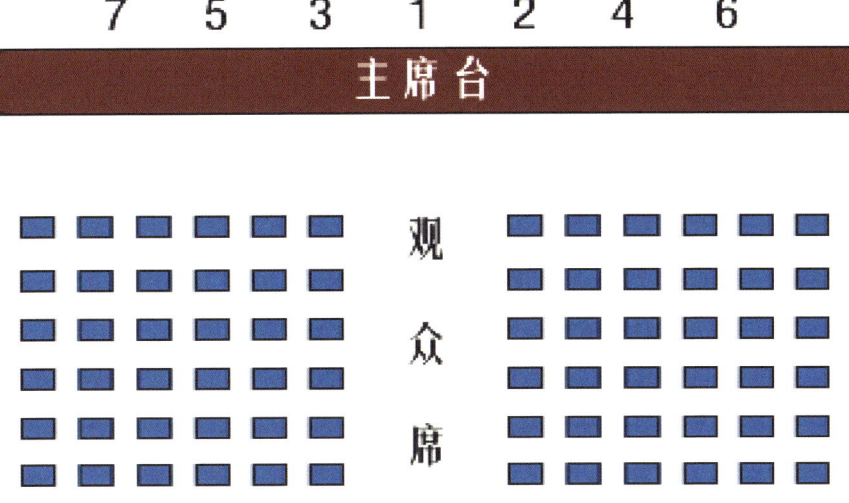

以确保每位与会者都能清晰看到主席台，同时也能被主席台看到。

主席团排座：主席团成员按照"前排高于后排，中央高于两侧，左侧高于右侧"的规则进行排列，体现职位的高低和尊重。

主持人座席：主持人座位通常位于主席台的显眼位置，以便于控制会议进程。

发言者席位：为发言者预留的位置，通常配备有话筒和其他必要的发言辅助设备。

细节关注

在座次安排过程中，还应注意一些细节，如确保座位的舒适度、考虑与会者的视线范围、预留足够的空间以便于与会者进出等。

二、主持人的角色与职责 —— 引领会议节奏的关键

在会议中，主持人扮演着至关重要的角色，其职责不仅仅是引导会议流程，更在于营造一个有序、高效、尊重的会议氛围。

充分的会前准备：作为会议的主持人，首要任务是做好充分的准备。这包括对会议主题、议程、与会者情况的深入了解，甚至需要进行必要的调查和资料收集，以便能够准确掌握会议的各个方面。

专业的着装要求：主持人的着装应整洁、大方、庄重，避免不修边幅或过于随意的装束，以体现出对会议的重视和对与会者的尊重。

精神饱满的仪态：主持人在走上主席台时，步伐要稳健有力，这不仅能够传递出自信和专业的形象，也有助于提升与会者对会议的期待和信任。

清晰的语言表达：主持人需要具备良好的语言表达能力，口齿清晰，思维敏捷，能够随机应变，用简明扼要的语言引导会议进行。

会议气氛的调控：根据会议的性质和进程，主持人应适时调节会议气氛，无论是庄重、幽默

还是沉稳,都能够确保会议的顺利进行。

维护会议秩序:主持人有责任确保会议的秩序,包括引导与会者遵守会议规则、控制发言时间、处理突发情况等。

总结与归纳:在会议的不同阶段,主持人应适时进行总结和归纳,帮助与会者明确会议成果和下一步的行动计划。

细节关注

主持人在会议中还应注意各种细节,如对与会者的称呼、对不同意见的尊重、对技术设备的运用等,以确保会议的每一个环节都能顺利进行。

三、发言人的表达与互动艺术 —— 会议中的沟通技巧

会议中的发言是展示个人观点、推动议程发展的重要手段。有效的发言不仅能够传递信息,还能够促进交流与合作。

正式发言的准备与呈现:正式发言通常指领导报告或大会发言,这要求发言者衣冠整齐,神态自如。走向发言位置时,步态应自然、刚健有力,展现自信。发言前,可环顾会场,与听众建立初步的视觉联系。若掌声响起,应适当致谢,待掌声落下后再开始发言。

发言内容的组织:书面发言时,应双手持稿或单手持稿,保持另一手臂自然下垂。发言时,不仅要控制语音语速,确保口齿清晰,还应使用普通话,以便于听众理解。内容应简明扼要,逻辑清晰,避免冗长和离题。

自由发言的互动与尊重:自由发言更侧重于讨论和互动,发言应简短、观点明确,并紧扣主题。在讨论过程中,即使与他人意见有分歧,

也应保持态度平和，以理服人，并耐心听取他人意见，展现出尊重和开放的沟通态度。

发言时的非语言沟通：发言者应注意调节话筒的位置，确保声音传输清晰。同时，非语言沟通也非常重要，如适时抬头扫视会场，与听众建立眼神交流，这有助于增强发言的感染力。

细节关注

在发言过程中，还应注意其他细节，如发言的时机、对听众反应的敏感度、对会议节奏的把握等，确保发言的效果。

四、会议期间的餐饮服务 —— 细致入微的关怀

在长时间的会议中，为与会者提供餐饮服务是展现组织关怀和提升会议体验的重要环节。

餐饮安排的及时性：在会议进行中，应安排适宜的时间为与会者提供餐饮服务，确保与会者在需要时能够得到适当的能量补充。

餐饮选择的多样性：考虑到不同与会者的饮食偏好和需求，餐饮服务应提供多样化的选择，包括但不限于工作餐、饮料、小食等。

餐饮质量的保证：所提供的餐饮应保证卫生、可口，避免因食物质量问题影响与会者的健康和会议的进程。

饮料服务的便捷性：在会议期间，应为与会者提供便于自助饮用的饮料，避免频繁斟茶续水可能带来的不便和干扰。

特殊需求的关注：对于有特殊饮食需求的与会者，如外来嘉宾或有

饮食限制的人员,应提前了解并作出相应的餐饮安排。

餐饮服务的礼仪:在提供餐饮服务时,工作人员应展现出专业和礼貌,确保餐饮服务的顺畅和与会者的满意。

餐饮环境的维护:餐饮区域应保持整洁,餐饮结束后应及时清理,避免影响会议环境和其他与会者的感受。

文明礼仪

公务迎送礼仪

政务公务活动礼仪是从事政务活动、执行公务时应遵守的行为规范和活动准则，是机关单位形象和个人文明道德修养的表现形式。

一、迎送规格的确定 —— 展现尊重与礼仪的初步

在公务迎送活动中，确定合适的迎送规格是展现尊重和礼仪的重要步骤。迎送规格不仅关系到来访宾客的满意度，也是展示东道主单位形象和专业度的关键。正确的迎送规格能够让宾客感受到尊重和重视。

身份与目的的考量：在确定迎送规格时，首先要考虑来访宾客的身份和访问目的。对于高级别的宾客或有重要访问目的的宾客，应给予高规格的接待。

时间与重要程度的平衡：访问时间的长短和活动的重要性也是决定迎送规格的重要因素。对于长期访问或参与重要活动的关键宾客，应适当提高迎送规格。

陪同人员的安排：迎送陪同人员的安排应根据宾客的规格来决定。一般情况下，可以安排业务对口的副职或职位相当的人士出面迎接，以确保交流的顺畅和专业。

人数的控制：在迎送过程中，陪同人员的数量不宜过多，以免造成

不必要的混乱或给宾客带来压力。合理的人员配置能够保证迎送活动的有序进行。

二、迎送时间的精准把握 —— 确保宾客体验的顺畅

迎送宾客的时间安排是公务接待中的重要环节，它直接关系到宾客的体验和接待工作的专业性。

宾客抵达前的准备：迎送人员应提前到达指定地点，做好接待前的准备工作。这不仅包括个人仪容的整理，还包括接待场地的布置和所需物资的准备。

关注宾客行程的实时动态：由于各种不可预测的因素，宾客的交通工具可能会延误。因此，迎送人员需要密切关注宾客的行程动态，及时获取准确的到达时间，并做好相应的调整。

合理安排迎送人员的时间：为了避免迎送人员长时间等待，应根据宾客的实际到达时间合理安排迎送人员的时间，确保他们能够在宾客到达时及时出现，同时避免不必要的长时间等待。

宾客离开时的送行安排：在宾客离开时，同样需要精准把握送行的时间，确保所有送行活动能够顺利进行，让宾客满意而归。

细节关注

在迎送时间的安排上，还应注意其他细节，如交通状况、天气变化等可能影响时间安排的因素，以及宾客的个人习惯和需求。

三、休息场所的周到准备 —— 营造舒适的接待环境

在迎送较高级别宾客的过程中，为其提供一个舒适的休息场所是展现东道主接待诚意的重要方式。

休息室的选址与布置：休息室应选择在便于宾客到达且环境安静的位置。内部布置应简洁大方，配备必要的家具和设施，如沙发、茶几、饮水设备等，确保宾客在等待或休息时感到舒适。

饮料及小食的准备：根据宾客的喜好和需求，准备适量的饮料和小食。选择应考虑多样性，包括茶、咖啡、软饮等，同时也可以准备一些小点心或水果，以供宾客享用。

环境的舒适性：确保休息室的温度适宜，通风良好，采光充足。可以通过绿色植物或艺术品的装饰，增添休息室的温馨和雅致。

隐私的保护：在休息室的设计中，应考虑到宾客的隐私保护，避免

不必要的干扰。如有可能，可以设置隔音设施，确保宾客在休息室内的交谈不会被外界听到。

细节关注

在休息场所的准备中，还应注意其他细节，如提供阅读材料、确保洗手间的便利、提供必要的办公设施等，以满足宾客可能的需求。

四、迎送流程中的手续办理 —— 确保顺畅的接待体验

在迎送宾客的过程中，除了提供热情的接待外，还需要办理相关的手续，以确保宾客的顺利通行和舒适体验。

提前准备的重要性：对于规格较高的宾客，接待人员应提前为其协调安排好所需的交通工具和酒店入住手续等。这种提前的准备可以避免宾客在到达后遇到不必要的麻烦和延误。

个性化的服务安排：了解宾客的具体需求和偏好，提供个性化的服务安排，如特殊餐食要求、无障碍设施等，以确保每位宾客都能得到令人满意的服务。

高效的协调能力：接待人员需要具备高效的协调能力，能够与不同的服务提供方进行沟通和协调，确保各项安排能够顺利执行。

应对突发情况的能力：在迎送过程中，可能会遇到各种突发情况。接待人员应具备快速应对和解决问题的能力，以保证迎送活动的顺利进行。

五、迎送现场的精心组织 —— 彰显尊重与热情的接待

迎送现场的组织工作是接待活动中最为直观的一环,它不仅能够给宾客留下深刻的第一印象,也是展现东道主尊重与热情的重要时刻。

现场环境的布置:迎送现场的布置应体现出尊重和欢迎的氛围,营造出庄重而热情的接待环境。

迎宾队伍的组织:组织一支训练有素的迎宾队伍,确保每位成员都了解自身的职责和行为规范。迎宾队伍的着装、仪态和行为都应体现出专业性和尊重。

献花仪式的安排:如果安排有献花仪式,应选择适宜的时机和方式进行。献花者通常是事先安排的儿童或女青年,在主要领导人与宾客握手后献上鲜花,表达欢迎和尊敬的情感。

记者拍摄的协调:在迎送现场,若有记者进行拍摄报道。应提前与媒体沟通,安排好拍摄的位置和时间,确保现场秩序的同时,也让媒体报道能够顺利进行。

现场秩序的维护:迎送现场可能会有众多人员参与,因此维护好现场秩序至关重要。应控制现场人员数量,避免过度拥挤,确保宾客的安全和舒适。

六、介绍宣传的得体表达 —— 传递地方特色与成就

在公务接待中,向宾客介绍和宣传当地情况不仅是展现地方特色的机会,也是增进相互了解和友谊的重要途径。

基本情况的准确传达:在陪同宾客参观游览时,工作人员应适时、准确地向宾客介绍当地的基本情况,包括地理位置、历史文化、经济发

展等，让宾客对当地有一个全面的认识。

经济社会成就的展示：除了基本情况，还应重点宣传当地的经济社会发展成就，如重大项目、科技创新、文化活动等，以提高宾客的兴趣和关注程度。

宣传材料的准备：为了使介绍更加直观和详细，可以准备一些宣传材料，如宣传册、视频等，供宾客在参观过程中或之后进一步了解。

语言表达的恰当性：在介绍时，应注意语言的表达方式，既要简洁明了，又要生动有趣，避免使用过于技术性或难懂的词汇，确保宾客能够轻松理解。

互动交流的鼓励：在介绍过程中，鼓励与宾客的互动交流，回答他们的问题，听取他们的意见和建议，使介绍变成一种双向沟通的过程。

文化特色的强调：在介绍中，应特别强调当地的文化特色和传统，如民俗风情、特色美食、手工艺品等，让宾客更深入地体验和了解当地文化。

 小贴士

公务交往礼仪

宜细致周全，不宜疏忽大意。

宜端庄整洁，不宜轻松随意。

宜风趣幽默，不宜刁钻刻薄。

宜落落大方，不宜谄媚逢迎。

宜入乡随俗，不宜过分挑剔。

宜勤俭节约，不宜铺张浪费。

文 明 礼 仪

 小贴士

从左从右莫拘泥

几乎所有的礼仪教材都强调要从凳子的左侧入席；但这一规则实际上是在大家同时入席时，为防止相互干扰，所以提倡大家都选择从左侧入席。但在有领导或长者已经入席的情况下，我们应该选择从已经入席并坐定者的另一侧入席，以免发生踩踏、碰撞的问题。

会见外宾礼仪

在外事工作中,经常会出现会见外宾、与外宾会谈的情况,外事人员的个人素质和礼仪修养会在这种场合得到充分展现。会见会谈礼仪非常重要,小到可以影响外宾对个人的印象,大到可以影响洽谈结果,甚至影响到国家的形象。所以,在会见会谈活动中,尤其要注意塑造良好的个人礼仪形象。

一、会见外宾的开场话题选择——营造友好的交流氛围

在会见外宾的场合,开场话题的选择对于营造友好的交流氛围至关重要。开场话题是会见外宾时的第一次交流,它能够为整个会见定下基调。一个恰当的开场话题能够缓解初次见面的紧张感,促进双方的沟通与理解。

避免敏感和争议性话题:在开场话题的选择上,应避免涉及政治、宗教、战争等敏感和争议性话题,这些话题可能会引起不必要的分歧和误解。

尊重外宾的文化和习惯:在与外宾交流时,应尊重其文化和习惯,避免询问过于私人的问题,如年龄、收入、健康状况等,这些私密问题可能会让外宾感到不适。

文明礼仪

  选择积极和中性的话题：选择一些积极和中性的话题，如天气、文化、艺术、体育等，这些话题通常不会引起争议，而且容易引发共鸣。

  展现个人魅力和专业性：在开场话题的交流中，可以适当展现个人的见解和专业性，但要注意不要过于以自我为中心，应保持谦逊和开放的态度。

  倾听和观察：在交流过程中，要善于倾听和观察外宾的反应，根据其兴趣和反馈灵活调整话题，确保对话的流畅和愉快。

二、会见外宾时的肢体语言运用——传递尊重与友好的非言语交流

  在与外宾的会见中，除了语言交流外，肢体语言同样扮演着重要的角色。

积极的肢体语言：在会见外宾时，应展现出积极的肢体语言，如微笑、目光交流、点头等，这些都能传递出尊重和友好的信息。

端正的坐姿：端正的坐姿是展现专业和尊重的重要方式。应避免靠在椅背上或显得过于随意，以展现出认真和专注的态度。

目光的交流：与外宾交谈时，适当的眼神接触能表现出对对方的尊重和关注。避免东张西望或心不在焉，这可能会给人留下不专注的印象。

稳定的站姿与坐姿：在会见过程中，保持稳定的站姿或坐姿，避免频繁改变姿势，否则可能会给人留下不耐烦或急躁的印象。

适当的手势：适当的手势能够增强语言表达的效果，但应注意不要过度使用，以免显得过于激动或不稳重。

个人空间的尊重：在与外宾交流时，应注意保持适当的个人空间，避免过于靠近，以免让对方感到不适。

会谈结束时的礼节：会谈结束时，主人应起身将客人送到会客室门口或客人乘坐的汽车前，握手并目送客人离开，这是对客人的一种尊重和礼貌。

三、合影时的礼仪规范 —— 塑造专业形象的瞬间

在会见或会谈过程中，合影是一个重要的环节，它不仅是双方交流的纪念，也是展现专业形象的重要时刻。

合影的时机选择：合影应安排在宾主握手之后、会见正式开始之前，以确保双方在合影时都能保持自然和放松的状态。

站位的合理安排：合影时每个人的站位都需要事先安排好，以避免现场出现混乱。一般原则是主人居中，按照礼宾次序，主人的左手边为

上，主客双方间隔排列。

合影的构图原则：在构图上，如果人数较多，需要准备合影架，并按照前排比后排尊、中间比两边尊的原则进行排序。对于主客双方人数相等的情况，主方人员站在左边，客方人员站在右边，各自按照级别从高到低往两边排列。

多排合影的注意事项：当人数较多，一排站不下时，会出现多排合影。此时，应确保每一排的中间位置比两边更为尊贵，前排的位置比后排更为尊贵。

合影前的准备：在合影之前，应提前为宾主双方备好饮料，如矿泉水、茶、咖啡等，确保在合影前双方都能保持最佳状态。

合影后的礼节：合影结束后，应礼貌地引导宾客回到座位或继续会谈，确保会谈的流程顺畅进行。

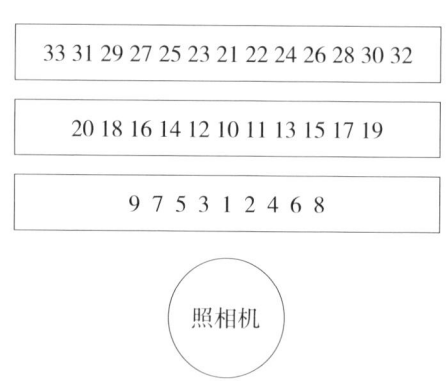